Roy Eugene Davis

ENTHÜLLUNGEN VERBORGENER LEHREN JESU

ROY EUGENE DAVIS

Enthüllungen verborgener Lehren Jesu

Eine mystische Erklärung
der Lehren Jesu, basierend auf
dem Johannes-Evangelium
in der deutschen Übersetzung
nach der Luther-Bibel

Verlag CSA Deutschland
Frankfurt am Main

Titel der Originalausgabe: „The Hidden Teachings of Jesus Revealed“
ISBN 0-87707-042-3
Erstausgabe: 1968

Ins Deutsche übertragen von Rosemarie Schneider

Umschlagentwurf: Dietmar E. Hannebohn
Textbearbeitung: Verlag CSA Deutschland
Photosatz: Druckservice Richter und Stebel, D-5450 Neuwied
Druck: E. Anding KG, Herborn

ISBN 3-922779-01-8

Vorwort

Die Schrift „Enthüllungen verborgener Lehren Jesu" ist ebenso mutig wie notwendig. Mutig, weil insbesondere in den beiden letzten Kapiteln manche christliche Glaubensinhalte einer kritischen Prüfung unterzogen und irrige Vorstellungen korrigiert werden, so daß es schon einer völlig undogmatischen, vorurteilsfreien und weitherzigen Haltung bedarf, um diese Darlegungen akzeptieren zu können. Notwendig, weil gerade das beginnende neue Zeitalter ein radikales Umdenken („Metanoia") in bezug auf bisherige Meinungen und Gewohnheiten erfordert, denn dieses Zeitalter wird bestimmt von vollkommener Toleranz, rückhaltloser Offenheit und einer über alle engstirnigen Begrenzungen hinausführenden, allgemeingültigen Gesamtschau. Da gerade das auch die Hauptmerkmale dieser Schrift sind, kann sie mit Recht als ein besonders charakteristisches Zeugnis der Geisteshaltung des kommenden Zeitalters bezeichnet werden.

Als Wissenschaftler, zu dessen Spezialgebieten Religionspsychologie und vergleichende Religionswissenschaft gehören, kann ich ohne jede Einschränkung bestätigen, daß die von Roy Eugene Davis getroffenen Feststellungen richtig sind und dem neuesten Stand unserer Erkenntnis entsprechen. Ja, es ist erstaunlich, mit welcher Gründlichkeit und Verantwortlichkeit Roy Eugene Davis diese schwierige Materie behandelt und damit beweist, daß er die christliche Religionsgeschichte und Religionsphilosophie ebenso beherrscht wie die hinduistische und buddistische. Und wie in allen seinen Büchern versteht er es auch hier, durch seine ebenso einfache wie einleuchtende Sprache die schwierigsten Themen jedermann verständlich zu machen und nahezubringen. So bedeutet „Enthüllungen verborgener Lehren Jesu“ einen weiteren wesentlichen Teil des Lebenswerkes von Roy Eugene Davis, zu einer möglichst vollkommenen Synthese von Ost und West beizutragen, indem er über alle oberflächlichen Unterschiede hinweg das zutiefst Verbindende, Gemeinsame, Allgemeinmenschliche erkennen läßt.

Dr. habil. Hans Endres

August 1980

Inhalt

Die frohe Botschaft

„Im Anfang war das Wort, und das Wort war bei Gott, und Gott war das Wort.“ 1:1

Vor der Schöpfung ruhte reines Bewußtsein allein in einem schwingungslosen noch nicht bedingten Zustand. Dieser Zustand ist der transzendentale Aspekt Gottes, der ewig unwandelbar ist. Es gibt auch einen manifestierten Aspekt, der als Schöpfung erscheint. Die zwei Aspekte sind nicht von einander getrennt, weil der transzendentale Aspekt der alleinige Verursacher und Erhalter aller relativen Manifestationen ist.

Damit die Schöpfung in die äußere Manifestation gelangen konnte, „bewegte sich“ reines Bewußtsein oder entwickelte eine leichte Schwingung, die sich steigerte, um eine aktivierende Kraft zu werden. Ein dualer Kraftstrom wurde sichtbar: positive und negative elektrische Pole.

Zur rechten Hand erschien die universale Intelligenz oder das Christus-Bewußtsein und zur linken, das Wort. Manche Mystiker bezeichnen es als Amen oder Aum (Om). Die Universale Intelligenz lenkt den Schöpfungsvorgang durch das Wort.

„Alle Dinge sind durch dasselbe gemacht, und ohne dasselbe ist nichts gemacht, was gemacht ist.“ 1:3

Die gesamte Schöpfung ist eine Ausdehnung des reinen Bewußtseins in Form. Daher gibt es in dieser oder irgendeiner anderen Welt nichts als manifestiertes Bewußtsein. Schöpfung, wie wir sie wahrnehmen, ist Leben, das sich aus sich selbst entfaltet. Lediglich unser Mangel an intuitiver Einsicht, läßt uns annehmen, Materie sei etwas anderes als geformter Geist. Sogar heutige Wissenschaftler erklären die Schöpfung als geformte Energie. Wenn wir die Energie bis zu ihrem Ursprung zurückverfolgen, können wir folgern, daß sie Licht ist, und

Licht ist lediglich eine Manifestation des Bewußtseins. Auf dem geistigen Pfad ist es äußerst wichtig, sich über diese grundlegende Wahrheit klar zu sein, daß Bewußtsein, diese einzige Wirklichkeit, als Schöpfung erscheint.

„In ihm war das Leben, und das Leben war das Licht der Menschen. Und das Licht scheint in der Finsternis, und die Finsternis hat's nicht begriffen.“ 1:4,5

In diesem Ozean des Bewußtseins, der bestand und besteht und als Schöpfung erscheint, ist das einzig existierende Leben und Licht. Dieses Leben und Licht existiert – auch wenn Menschen in geistiger Unwissenheit es nicht begreifen können. Ein Mensch in der Finsternis, dem intuitive Wahrnehmung fehlt, kann das Licht nicht wahrnehmen, das in ihm und durch ihn scheint und ohne das er nicht existiert. Alle Menschen müssen schließlich erweckt oder geistig belebt werden, damit sie die Wahrheit über das Leben verstehen können. Dieses Erwachen ist die zweite Geburt, die die Intuition der Seele erweckt und uns befähigt, der feineren Kräfte und Elektrizitäten in der Natur gewahr zu werden und das wahre Wesen Gottes zu erkennen. Intellektuelle Bereitschaft kann diese Erweckung fördern, sie jedoch nicht ersetzen. Stufen geistigen Erwachens führen zum Verständnis neuer Bereiche des Lebens und des Bewußtseins. Für alle Menschen gilt das dasselbe Gesetz: Wer sucht, der wird finden.

„Es ward ein Mensch von Gott gesandt, der hieß Johannes. Dieser kam zum Zeugnis, daß er von dem Licht zeugte, auf daß sie alle durch ihn glaubten. Er war nicht das Licht, sondern daß er zeugte von dem Licht.“ 1:6-8

Jedem neuen Zustand bewußten Gewahrseins geht ein erkennbares Stadium des Gewahrseins mit bestimmten Merkmalen voraus. Das vorhergehende Stadium legt Zeugnis ab von dem kommenden. In der biblischen Geschichte wird Johannes der Täufer als Vorläufer Jesu angesehen. Er bereitete den Weg für das erleuchtete Gewahrsein, das in dessen späteren Leben dadurch sichtbar wurde, daß er die

Aufmerksamkeit der Menschen auf die Notwendigkeit des geistigen Pfades lenkte. Johannes war nicht das Licht, das heißt, er war zu dieser Zeit noch nicht voll erleuchtet. Doch er war sich bewußt, daß ein stärkerer Ausdruck des göttlichen Bewußtseins dazu bestimmt war, auf dem irdischen Plan zu erscheinen. Okkulter Tradition gemäß war Johannes der Täufer in einer früheren Inkarnation, in der sie als Elias und Elisa verkörpert waren, Jesu Guru. Nach dem Alten Testament gab Elias seinen Mantel, sein geistiges Bewußtsein, an Elisa, der dann mit neuer Kraft und Erkenntnis voranschritt. Im Osten ist es Tradition, daß ein Guru, ehe er diese Welt verläßt, bei einem auserwählten Schüler die spirituelle Erweckung bewirkt, der dann das Werk fortsetzt, den Seelen den Weg zur Befreiung zu zeigen.

„Das war das wahrhaftige Licht, welches alle Menschen erleuchtet, die in diese Welt kommen. Er war in der Welt, und die Welt ist durch dasselbe gemacht; und die Welt kannte es nicht. Er kam in sein Eigentum; und die Seinen nahmen ihn nicht auf. Wie viele ihn aber aufnahmen, denen gab er Macht, Gottes Kinder zu werden, die an seinen Namen glaubten; welche nicht von dem Geblüt noch von dem Willen des Fleisches noch von dem Willen eines Mannes, sondern von Gott geboren sind.“ 1:9-13

Gott ist das wahre Licht, das alle Wesen beseelt. Die positive Manifestation reinen Bewußtseins, die universale Intelligenz (das Christus-Bewußtsein) offenbart Gott. Doch obwohl sich das Licht im Leben Jesu enthüllte, konnte die Welt es auf der Ebene des Massenbewußtseins nicht begreifen. Das ist auch heute noch so. Das Licht ist heute genauso vorhanden wie es zu jeder Zeit in der Geschichte war. Menschen jedoch, deren Intuition nicht erweckt ist, können es nicht erkennen. Wenn ein Mensch in geistigem Dunkel lebt, ist seine Wahrnehmung schwach, und er neigt zu einer materialistischen Einstellung, weil der materielle Aspekt der Schöpfung der einzige ist, den er durch seine Sinne wahrnehmen kann. Der getrübte Geisteszustand des Menschen ist nicht seine wahre Natur und daher nur vorübergehend.

Wenn der Mensch erwacht und das Unendliche hier und jetzt zu akzeptieren beginnt, erkennt er die ungeheure Kraft, die auf das Erfassen der Allmacht und Allgegenwart zurückzuführen ist. Dann erkennt er sein wahres Wesen als Kind Gottes, als ein göttliches Wesen. Jede Seele ist individualisierter Geist und deshalb dasselbe, was Gott ist. Eine wahre geistige Botschaft ermutigt den Menschen, zu erwachen und diese Wahrheit zu erkennen, damit er von dem mit seiner Unwissenheit verbundenen Leid und Schmerz erlöst wird. Alle, die „an seinen Namen glauben" oder sich ihres göttlichen Wesens bewußt sind, werden zur Erkenntnis der letzten Wahrheit geführt.

So wie sich die Schöpfung aus dem reinen, noch nicht bedingten Zustand in mehreren Stadien manifestierte, so kann der Mensch da beginnen, wo er sich befindet und sich zurückbesinnen auf die Selbsterkenntnis als reiner Geist. Die erste aus dem Zentrum ausströmende Offenbarung ist die universelle Intelligenz oder das Christus-Bewußtsein, und so ist jeder, der durch die Schleier des Bewußtseins hindurchgeht, um sich dessen bewußt zu werden, ihrer teilhaftig und fähig, sich ebenso zu manifestieren. Der wahre Sinn von „Bereuen" ist „Umkehren": die Aufmerksamkeit von der Welt der Erscheinungen abwenden und auf den Ursprung aller Formen und Erscheinungen richten.

In Wahrheit ist die Seele als individualisierter Geist niemals aus Fleisch geboren. Aus Unwissenheit identifiziert sie sich mit dem Körper. Ihr Ursprung war göttlicher Natur, als der Geist sich als sie individualisierte. Der bloße Glaube an eine Heilslehre genügt natürlich nicht, um den Menschen aus seiner Verhaftung zu befreien. Doch Kontemplation, die zum Erkennen des Einsseins führt, ist ein sicherer Weg.

„Und das Wort ward Fleisch und wohnte unter uns, und wir sahen seine Herrlichkeit, eine Herrlichkeit als des eingeborenen Sohnes zum Vater, voller Gnade und Wahrheit." 1:14

Das Wort (aktivierendes Bewußtsein) erscheint als Form. In diesem Fall berichtet die Heilige Schrift von der Inkarnation Jesu. Jesus inkarnierte sich und erschien als Mensch unter Menschen, doch war da ein Unterschied. Er war beinahe erleuchtet und wurde sich deshalb seiner Lebensaufgabe bewußt. Es heißt, daß ein vollkommenes Wesen, eine selbstverwirklichte Seele, wenn sie für einen bestimmten Zweck eine Inkarnation wählt, zeitweilig eine Bewußtseinstrübung infolge des physischen Schocks bei der Geburt hinnehmen muß. In diesem Fall erwacht die Seele bereits in den frühen Lebensjahren wieder zu der vollen Erkenntnis, die sie vor der Inkarnation besaß. Johannes der Täufer konnte dies bei Jesus intuitiv erkennen und „seine Herrlichkeit erblicken". Er war imstande, die geistige Ausstrahlung, die Jesus aufgrund seiner inneren Verwirklichung hatte, wahrzunehmen. Eine Seele, die zum Christus-Bewußtsein erwacht ist, (dem einzigen aus dem Vater geborenen – alles andere sind weitere Umwandlungen daraus), lebt in einem Bewußtsein, das die Persönlichkeit übersteigt und sich ständig seines göttlichen Wesens bewußt ist. Jesus war nicht der einzige Eingeborene. Das Christus-Bewußtsein ist das einzig Eingebore. Es besteht ein Unterschied zwischen der Persönlichkeit (Jesus) und der selbstverwirklichten Seele (Christus). Die Heiligen Schriften enthüllen hier, daß die Herrlichkeit, die sich in Jesus offenbarte, dem einzig Eingeborenen „gleich" ist.

Von der Erkenntnis des Christus-Bewußtseins erfüllt, ist Jesus ganz natürlich und automatisch mit der Gnade und Wahrheit erfüllt, die zu diesem Bewußtsein gehören.

„Johannes zeugt von ihm, ruft und spricht: Dieser war es, von dem ich gesagt habe: Nach mir wird kommen, der vor mir gewesen ist; denn er war eher als ich." 1:15

Johannes erkannte Jesus als ein Wesen, das geistig erwacht war und in dem sich die Fülle dieses Bewußtseins manifestierte. Hier haben wir ein Wortspiel: „Er, der nach mir kommt, ist der, der vor mir gewesen ist, denn er war eher als ich." Die Mission des Christus-Bewußtseins ist die nächste Stufe nach der Mission Johannes des Täufers. Dieser geht einen Schritt weiter und erklärt, warum das Christus-Bewußtsein vor seinem eigenen Bewußtsein (und seiner Lehre) gewesen ist: weil das Christus-Bewußtsein voranging, um die schöpferische Manifestation und alle anderen Schattierungen von Bewußtsein zu bewirken. Johannes der Täufer war zweifellos soweit geistig erwacht, daß er fähig war, diese Wahrheit zu erkennen; er war jedoch zu dieser Zeit noch nicht vollkommen selbstverwirklicht. Oder falls er es war, war er sich dieser gewählten Rolle bewußt.

„Und von seiner Fülle haben wir alle genommen Gnade um Gnade. Denn das Gesetz ist durch Mose gegeben; die Gnade und Wahrheit ist durch Jesum Christum geworden.“ 1:16,17

Jeder Mensch ist vom Christus-Bewußtsein erfüllt und besitzt deshalb auch alle dazu gehörenden Eigenschaften, ob er das erkennt oder nicht. In den Zeiten davor (in diesem Fall ist von der Zeit Moses die Rede) war das Massenbewußtsein noch getrübt, so daß Gesetze gegeben wurden, die als Richtlinien für das soziale Verhalten der Menschen notwendig waren. Wenn der Mensch erwacht und erkennt, daß er ein Christus-bewußtes Wesen ist, wächst er über die von Menschen gegebenen Gesetze hinaus (ohne daß er sie bricht, wenn dies der Gesellschaft schadet) und lebt in der Gnade. Wenn wir in der Gnade leben, bewegen wir uns in dieser Welt in Harmonie mit dem unendlichen Willen und sind, auch wenn wir uns äußerlich anpassen, innerlich in allem, was wir tun, geführt.

„Niemand hat Gott je gesehen; der eingeborene Sohn, der in des Vaters Schoß ist, der hat es uns verkündigt.“ 1:18

Kein Mensch, der im dreidimensionalen Bewußtsein lebt und dessen Wahrnehmung auf das begrenzt ist, was ihm die Sinne vermitteln, nimmt die Wirklichkeit wahr. Wir mögen Eigenschaften des Geistes wahrnehmen – Licht, Schwingung, Freude, Wonne, Frieden, Liebe, Allgegenwart, Allmacht und Allwissen, doch solange wir aufgrund unserer Identifikation mit den äußeren Erscheinungen der Natur begrenzt sind, können wir den transzendentalen Aspekt Gottes nicht sehen oder erkennen. Jemand, der die wahre Natur Gottes wahrnimmt und sich in seinem Leben ihrer ständig bewußt ist, ist im eigentlichen Sinne nicht länger Mensch, sondern ein erweckter Sohn Gottes.

Christus-Bewußtsein, das erste und deshalb einzige aus dem Vater geborene reine Bewußtsein erklärt oder enthüllt die Natur Gottes. Da reines Bewußtsein unbegreiflich ist (lediglich erfahrbar), gibt das Christus-Bewußtsein eine Andeutung davon.

In den folgenden Versen erklärt Johannes der Täufer, daß er nicht der Christus ist (er hat zu dieser Zeit das Christus-Bewußtsein nicht manifestiert) und verneint sogar, daß er die Reinkarnation von Elias sei, weil er sich der vergangenen Inkarnation nicht bewußt ist. Alles, was er von sich sagen kann, ist, daß er eine Stimme in der Wildnis menschlicher Gedanken ist, der den Weg für einen neuen und mehr offenbarenden Bewußtseinszustand vorbereitet, der sich in dem Menschen Jesus verkörpern wird.

Johannes taufte mit Wasser, da dies ein Symbol für Läuterung ist, ein Zeichen für ein umgewandeltes Leben. Er sagte jedoch, daß der, der nach ihm komme (Jesus) mit dem Heiligen Geist taufen werde. Der Heilige Geist (die Heilige Schwingung) ist das Wort: Amen oder Aum (Om). Wer im Heiligen Geist getauft oder in Om eingetaucht ist, erlebt die magnetische Anziehung des Geistes, die Gemüt und Bewußtsein klärt, so daß Gott erkannt werden kann. Man kann entweder aufgrund inneren Sehnens nach der Wahrheit, das die Seelenerweckung fördert, mit dem Heiligen Geist getauft werden oder durch Kontakt mit einem höchst selbstverwirklichten Menschen. Die Gegenwart eines selbstverwirklichten Menschen weckt schlafende Seelen-Erinnerungen und beschleunigt geistige Erweckung. Kontakt mit einem geistig erweckten Menschen magnetisiert, steigert die Lebenskräfte und führt zur intuitiven Erweckung.

Im 29. Vers begegnet Johannes der Täufer Jesus und trifft Vorbereitungen, ihn zu taufen. Obwohl Jesus dazu bestimmt ist, eine dominierendere Rolle als Johannes zu spielen, folgt er dem vorgeschriebenen traditionellen Weg und kommt zu Johannes, seinem Guru, die mystische Berührung zu empfangen und eingeweiht oder erweckt zu werden. Während er von Johannes gemäß dessen Ritual mit Wasser getauft wird, erlebt Jesus eine Erhebung über die menschlichen Sinne.

„Und Johannes zeugte und sprach: Ich sah, daß der Geist herabfuhr wie eine Taube vom Himmel und blieb auf ihm. Und ich kannte ihn nicht; aber der mich sandte, zu taufen mit Wasser, der sprach zu mir: Auf welchen du sehen wirst den Geist herabfahren und auf ihm bleiben, der ist's, der mit dem Heiligen Geist tauft." 1:32,33

Johannes wurde in erstaunlichem Maß vom Geist geführt. Er wußte, daß er bei der Ausführung seiner Pflicht, die Menschen zu taufen und ihre geistige Erweckung zu versuchen, schließlich dem Menschen begegnen würde, der die Erfüllung seiner Mission bewirken würde. Er wußte, daß er diesen Menschen erkennen würde, weil dieser Mensch während der Einweihung das volle spirituelle Bewußtsein erlangen würde. Johannes erhielt den sichtbaren Beweis dadurch, daß der Geist herabzusteigen schien, und dieses Gewahrsein des Geistes „blieb" oder dauerte an. Viele Menschen erleben einen Schimmer der kosmischen Vision, kehren dann aber in ihren gewöhnlichen Bewußtseinszustand zurück. Johannes erkannte jedoch, daß hier ein Mensch war, der die Gnade hatte, empfänglich zu sein und sich vom Moment seiner Erweckung an im Gewahrsein Gottes halten konnte. Das war der sichtbare Beweis, nach dem Johannes ausgeschaut hatte, und es war der „Anfang vom Ende" seines persönlichen Dienstes. Von diesem Augenblick an erfüllte sich sein Lebenswerk in der ständigen Entfaltung Jesu. So sicher war Johannes der Täufer, seinen Nachfolger gefunden zu haben, daß er Zeugnis ablegte:

„Das ist Gottes Sohn" 1:34

Jeder, der zu seinem wahren geistigen Wesen erwacht und in dieser Erkenntnis lebt, ist ein erwachter Sohn Gottes.

In einem anderen Evangelium wird gelehrt, daß Jesus nach dieser dramatischen Erweckung sich an einen ruhigen Ort zurückzog, um sich in diesem neuen Bewußtsein zu festigen. Hier widerstand er erfolgreich den Zwängen unterbewußter Neigungen, diese Einsicht und Fähigkeit für persönliche Zwecke zu nützen. Das ist eine Lehre, die uns alle angeht.

Dann begann das Wirken Jesu und er fing an, seine Jünger um sich zu sammeln. Andreas, Simon Petrus, Philippus und Nathanael waren unter den ersten. Manche Gelehrten wundern sich darüber, daß diese Männer Jesus so bereitwillig folgten. Wenn wir jedoch das geistige Gesetz verstehen, daß ein Avatar zu einem bestimmten Zweck kommt, und einige seiner gewählten Schüler sich zur gleichen Zeit inkarnieren, um ihm zu helfen, dann ist es nicht erstaunlich, daß sie ihm folgten, als er sie rief.

Ein Meister kennt seine Schüler und oft erwacht ein von ihm gerufener Schüler sofort und übernimmt seine Aufgabe im Werk des Meisters. So wie Johannes der Täufer fähig war, die Berufung Jesu zu erkennen, war Jesus fähig, die Seinigen zu erkennen. Jesus sagte von Nathanael:

„Siehe, ein rechter Israeliter, in welchem kein Falsch ist.“ 1:47

Nathanael war ohne Falschheit. Er war rein und offen und der ideale Mensch, die Weisheit der Jahrhunderte aufzunehmen. Trotzdem war er überrascht und stellte die Frage: „Woher kennst du mich?“ Jesus antwortete: „Ehe Philippus dich rief, sah ich dich.“ Das beeindruckte Nathanael, und er akzeptierte Jesus als seinen Lehrer oder Guru. Jesus war ebenso erfreut über diese Bereitwilligkeit Nathanaels und sagte ihm, weil er so empfänglich sei, würde er noch größere Dinge erkennen (größere als bloße Demonstrationen von Hellsichtigkeit), und er würde den Himmel offen sehen und fähig sein, die Engel (Astralwesen) zu erblicken, die im Menschensohn auf- und niedersteigen. Er würde fähig sein, Seelen in Astrallicht gehüllt wahrzunehmen, wie sie in Körper eingehen und diese wieder verlassen, und ebenso die himmlischen Wesen, die später mit Jesus in Verbindung treten würden.

Dem Evangelium des Johannes zufolge vollzog sich von da an das Wirken Jesu weiter. Im zweiten Kapitel finden wir ihn auf der Hochzeit von Kanaan, und von dort ging er nach Jerusalem zum Passahfest. Es wird berichtet, daß er über die Geschehnisse im Tempel so aufgebracht war (wie Geldwechsel, Kaufen und Verkaufen) daß er die Verantwortlichen recht gewalttätig aus dem Tempel warf.

Zu dieser Zeit sahen auch viele seine wunderbaren Heilungen und waren davon tief beeindruckt. Aber er „vertraute sich ihnen nicht an, denn er kannte sie alle.“ Das bedeutet, daß er sich der Verständnisebene der Durchschnittsmenschen bewußt war und keine Veranlassung sah, ihnen zu erklären, wer er wirklich war, und sie so zu zwingen, für oder gegen ihn Stellung zu nehmen.

Dann kam bei Nacht ein Pharisäer, Nikodemus, zu Jesus und bekräftigte seinen Glauben an das geistige Gewahrsein Jesu, denn „niemand kann die Zeichen tun, die du tust, es sei denn Gott mit ihm.“

„Jesus antwortete und sprach zu ihm: Wahrlich, wahrlich ich sage dir: es sei denn, daß jemand von neuem geboren werde, so kann er das Reich Gottes nicht sehen.“ 3:3

Hier wird eine tiefe Wahrheit ausgesprochen: Ohne daß ein Mensch in einen neuen Bewußtseinszustand hineingeboren wird, kann er die subtilen Wahrheiten des Lebens nicht verstehen. Noch kann er die Klärung seines Bewußtseins erfahren und die höchste Wahrheit erkennen. Wie viele im gewöhnlichen Bewußtseinszustand konnte auch Nikodemus dies nicht verstehen und er fragte: „Wie kann ein Mensch geboren werden, wenn er alt ist?“ Jesus antwortete:

„Wahrlich, wahrlich ich sage dir: Es sei denn, daß jemand geboren werde aus Wasser und Geist, so kann er nicht in das Reich Gottes kommen.“ 3:5

Wasser steht hier für die Elemente der physischen Welt. Der Mensch muß also zuerst in normaler Weise geboren werden und dann spirituell erwachen, um bewußt der Welt der Wirklichkeit, der vollkommenen Schöpfung, gewahr zu werden, unverzerrt durch Irrtümer und Sinnestäuschungen, von der die gewöhnliche Welt nur eine Spiegelung ist.

„Was vom Fleisch geboren wird, das ist Fleisch; und was vom Geist geboren wird, das ist Geist. Laß dich‘s nicht wundern, daß ich dir gesagt habe: Ihr müsset von neuem geboren werden. Der Wind bläst, wo er will, und du hörst sein Sausen wohl; aber du weißt nicht, woher er kommt und wohin er fährt. Also ist ein jeglicher, der aus dem Geist geboren ist.“ 3:6-8

Was unter dem Gesetz der physischen Inkarnation geboren wird, muß nach den Gesetzen der Materie leben. Doch wenn die Seele geistig erwacht, kann sie einer neuen Verständnisebene gemäß leben. Wir werden dazu angehalten, darüber nicht erstaunt zu sein, denn wenn unser Verstand es akzeptiert, können wir es leichter begreifen. „Der Wind bläst, wo er will, und du hörst sein Sausen wohl; aber du weißt nicht, woher er kommt und wohin er geht. Also ist ein jeglicher, der aus dem Geist geboren ist.“ Der aus dem Geist Geborene bewegt sich nach Belieben durch diese Welt. Doch er bewegt sich immer im Einklang mit dem kosmischen Willen, weil er stets auf ihn eingestimmt ist. Der intuitiv Erwachte richtet sich bei seinen Handlungen nach keinem strengen Plan, es sei denn für einen ganz bestimmten Zweck. Meist tut er das, was ihm im betreffenden Moment als das Richtige und Beste erscheint.

Nikodemus versteht noch immer nicht und Jesus erklärt ihm, daß er nur von dem spricht, was er selbst weiß und erkennt:

„Glaubet ihr nicht, wenn ich euch von irdischen Dingen sage, wie würdet ihr glauben, wenn ich euch von himmlischen Dingen sagen würde?“ 3:12

Jesus deutet an, daß der Mensch nur entsprechend seiner Verständnisebene wahrnehmen kann. Diese Erklärung stellt den Fragenden noch immer nicht zufrieden, und weil Nikodemus offensichtlich schon einfache Wahrheiten nicht begreifen kann, ist er vorerst nicht fähig, noch subtilere Wahrheiten zu erkennen. Jesus aber fährt fort:

„Und niemand fährt gen Himmel, denn der vom Himmel herniedergekommen ist, nämlich des Menschen Sohn, der im Himmel ist.“ 3:13

Jesus erklärt hier, daß niemand zum Gewahrsein des Himmels, dem Reich der Wirklichkeit, gelangen kann, ohne zuerst diese Verständnisebene zu erlangen. Mit anderen Worten, alle Seelen, auch die, die nicht wissen, wer sie sind, waren einst im Reich der Freiheit und Glückseligkeit zuhause, ehe sie in die äußeren Erscheinungen der Natur verstrickt wurden. Deshalb ist es ihnen möglich, zu erwachen und das Reich der Wirklichkeit wieder zu erkennen. Jede Seele ist während des ursprünglichen Schöpfungsaktes auf irgendeiner Ebene in Verstrickung mit der Schöpfung „gefallen“. Manche wurden in die materielle Schöpfung verstrickt. Andere wurden nur in die subtilen Lichtregionen verstrickt und sind dann in die materielle Schöpfung „gefallen“, weil sie der Neugier nicht widerstehen konnten. Da jede Seele göttlich ist, ist es auch für alle möglich, zu erwachen und das Wesen Gottes zu erkennen.

„Und wie Mose in der Wüste eine Schlange erhöht hat, also muß des Menschen Sohn erhöht werden, auf daß alle, die an ihn glauben, nicht verloren werden, sondern das ewige Leben haben.“ 3:14,15

Jesus spricht hier auf die Geschichte im Alten Testament an, nach der Moses eine eherne Schlange vor seinem Volk errichtete, damit die Menschen zu ihr aufschauen konnten, wenn sie in Schwierigkeiten waren. Dadurch konnten sie ihr Bewußtsein erheben und frei werden von Schwierigkeiten und Uneinigkeit. Ebenso ist es gut für die Menschen dieser Generation (zur Zeit Jesu genauso wie zu jeder Zeit, in der die Massen unerwacht sind), den Menschensohn Jesus vor ihrem geistigen Auge zu erhöhen und sich, indem sie über ihn als Ideal kontemplieren, über die Schwierigkeiten zu erheben, die sich aus egoistischem Denken und falschem Verhalten ergeben. Jene, die diese Vision aufrechterhalten, werden dahin gelangen „an ihn zu glauben" oder die spirituelle Wahrheit über das Wirken Jesu zu erkennen und intuitiv das überpersönliche Christus-Bewußtsein zu erhalten. Dann werden sie nicht in Verwirrung und Tumult untergehen, sondern zur Erkenntnis des ewigen Lebens gelangen. Eine Seele kann nicht verloren gehen im Sinne von zerstört werden. Wenn sie sich jedoch weigert, ihre Aufmerksamkeit zum Ursprung zu lenken, kann sie sich im Irrgarten widersprüchlicher Meinungen und Theorien verlaufen und die Schau des wahren Lichtes und Lebens verlieren.

„Also hat Gott die Welt geliebt, daß er seinen eingeborenen Sohn gab, auf daß alle, die an ihn glauben, nicht verloren werden, sondern das ewige Leben haben." 3:16

Gott, Bewußtsein, die eine Wirklichkeit, teilte sich in zwei elektrische Ströme, um sich als Schöpfung zu manifestieren. Der ursprüngliche positive Impuls ist Intelligenz, ohne die die Schöpfung blind und ungeordnet wäre. Diese Intelligenz ist das Christus-Bewußtsein: der „einzig Eingeborene" aus dem Vater. Alle Seelen, die „glauben" oder mit dem Christus-Bewußtsein vertraut sind, erwachen ungeachtet ihres Grades von Verwirrung zur Erkenntnis ihres wahren Wesens und erkennen bewußt „das ewige Leben".

Nach der Taufe durch den Heiligen Geist oder dem ersten spirituellen Erwachen, wird der ernsthafte Wahrheitssuchende angewiesen, über das Christus-Bewußtsein zu kontemplieren, das „dem Vater" oder dem transzendentalen Zustand am nächsten ist. Durch richtige Kontemplation ist die Seele fähig, klares Gewahrsein zu erlangen. Auf dieser Ebene kann sie sich ihres göttlichen Wesens bewußt werden.

Es ist wirklich so, daß der einzige Weg zur vollkommenen Selbstverwirklichung das spirituelle Erwachen (die zweite Geburt) und Kontemplation über das Christus-Bewußtsein oder die universale Intelligenz voraussetzt, um dann des transzendentalen Aspektes Gottes gewahr zu werden. Ungeachtet der verschiedenen Techniken, Methoden oder Glaubensrichtungen, folgen alle Seelen dem gleichen Pfad der Befreiung.

„Denn Gott hat seinen Sohn nicht gesandt in die Welt, daß er die Welt richte, sondern daß die Welt durch ihn selig werde. Wer an ihn glaubt, der wird nicht gerichtet; wer aber nicht glaubt, der ist schon gerichtet, denn er glaubt nicht an den Namen des eingeborenen Sohnes Gottes." 3:17,18

Die unendliche Intelligenz, die den ganzen Kosmos durchdringt und alle Formen beseelt, verdammt nicht. Die Welt jedoch, die Menschen im sterblichen Bewußtsein, die an diese Ebene von Gewahrsein glauben oder sich mit ihr in Übereinstimmung bringen, können von der durch Unwissenheit verursachten Pein erlöst werden.

Wer nicht an die unendliche Intelligenz glaubt oder mit ihr übereinstimmt, muß in spiritueller Unwissenheit verharren, bis auch er einmal erwacht. Diese Menschen haben sich selbst verdammt, der Täuschung zu unterliegen, solange ihre Unwissenheit anhält. Gott straft niemals Seelen, die tatsächlich Individualisierungen seiner Selbst sind. Verblendete Seelen müssen in ihrer Blindheit bleiben, bis sie erwachen und lernen, das wahre Wesen Gottes (sich selbst) zu kontemplieren. Dann erlangen sie Freiheit.

Die Haupthindernisse, die zu überwinden sind, sind die folgenden fünf:

1. *Unwissenheit* – Eine Seele weiß nichts von der Wahrheit über das Leben, wenn sie unbewußt mit der Natur identifiziert ist. Dieser Zustand ist die Ursache aller menschlichen Probleme.

2. *Egoismus* – ist die Annahme, wir seien von Gott getrennt. Das Heilmittel gegen Egoismus ist Demut, das heißt, in die Erkenntnis zu kommen, daß Gott die eine Wirklichkeit ist und als alles in der Natur erscheint. Nichts ist getrennt (außerhalb) von Gott.

3. *Verhaftung* – ist ein Zeichen dafür, daß ein Mensch nicht richtig die Wahrheit versteht, daß Bewußtsein als alle Dinge erscheint. Das Heilmittel dagegen ist, damit aufzuhören, sich auf bestimmte Menschen, Bedingungen oder Dinge in der Welt zu verlassen, und die Aufmerksamkeit auf die Quelle aller Dinge zu richten.

4. *Abneigung* – Zwanghaft irgendeine Manifestation des Lebens abzulehnen, bedeutet, nicht zu erkennen, daß Gott in allem ist und durch alles wirkt. Wenn wir eine durch unkluge Menschen verursachte Situation sehen, die nicht in Übereinstimmung mit dem göttlichen Plan zu sein scheint, sollten wir sie nicht ablehnen, sondern uns bemühen, Ordnung, Richtung und Sinn in diese Situation zu bringen.

5. *Anhänglichkeit an den Körper* – Wir sollten den Körper in einem gesunden Zustand halten, so daß er uns gute Dienste leistet, uns aber immer klar darüber sein, daß unser wahres Wesen Geist ist und der Körper nur eine Hülle ist, die wir eines Tages verlassen werden.

Wahre Selbstverwirklichung zerschlägt diese irrigen Auffassungen, die der Befreiung im Wege stehen.

„Das ist aber das Gericht, daß das Licht in die Welt gekommen ist, und die Menschen liebten die Finsternis mehr als das Licht; denn ihre Werke waren böse. Der Arges tut, der haßt das Licht und kommt nicht an das Licht, auf daß seine Werke nicht gestraft werden. Wer aber die Wahrheit tut, der kommt an das Licht, daß seine Werke offenbar werden; denn sie sind in Gott getan.“ 3:19-21

Solange sich Menschen im verblendeten Zustand befinden, sind sie wie hypnotisiert und können die subtilen Wahrheiten des Lebens nicht begreifen. Sie bevorzugen diesen Zustand, weil sie noch nichts anderes kennengelernt haben. Weil sie sich in der Finsternis befinden, sind sie in fast allem, was sie denken und tun, negativ und selbstbezogen. Auf dieser Ebene neigt der Mensch dazu, zynisch, widersprüchlich und kritisch den spirituellen Lehren gegenüberzustehen, die das Licht enthüllen und damit den Mangel an Verständnis entlarven könnten. Statt sich um ihr Erwachen zu bemühen, verteidigen diese Menschen ihre Lebenseinstellung, um sich abzuschirmen und zu rechtfertigen.

Ein Mensch hingegen, der in das Licht der Selbstverwirklichung tritt, liebt die Vorstellung größerer Entfaltung, weil er in allem in Harmonie mit den schöpferischen Prinzipien sein möchte. Er wünscht sich, seine Handlungen „von Gott geschmiedet" oder möchte sie im Gewahrsein Gottes vollbringen.

Bald danach erhebt sich die Frage der Läuterung (3:25). Einige Menschen kommen zu Johannes dem Täufer und weisen darauf hin, daß Jesus, der von Johannes getauft wurde, jetzt alle Menschen an sich zieht. Sie fühlen auch, daß Jesus überzeugter lehrt und größere Ergebnisse erzielt. Johannes ist nicht neidisch, denn er kennt seine Aufgabe ebenso gut wie die Jesu, seines Schülers. Er sagt:

„Ein Mensch kann nichts nehmen, es werde ihm denn gegeben vom Himmel." 3:27

„Er muß wachsen, ich aber muß abnehmen." 3:30

Johannes der Täufer erkannte, daß die Erfahrungen eines Menschen die Folge innerer Verwirklichung sind. Er wußte, daß Jesus sich seiner eigenen Mission bewußt war, und daß er alle Menschen in das höhere Leben geleiten würde. (Alle Menschen werden zu gegebener Zeit in das Erkennen des Christus-Bewußtseins gezogen). Johannes wußte auch, daß jetzt, nach Erfüllung seiner Aufgabe, sein Einfluß schwinden und Jesu Einfluß weiter wachsen würde. Er war nicht traurig, sondern hocherfreut über die Erfüllung seiner Träume. Er sagte:

„Denn welchen Gott gesandt hat, der redet Gottes Worte; denn Gott gibt den Geist nicht nach dem Maß." 3:34

Wer ein offener Kanal des Unendlichen ist, kann klar erkennen und sprechen, und die spirituelle Macht wird ihm nicht nach Maß gegeben, sondern unbegrenzt – weil der Geist unbegrenzt ist.

In den ersten Versen des vierten Kapitels lesen wir, daß Jesus, als er die Unruhe bemerkte, die sein Erfolg im Gegensatz zu dem Johannes des Täufers auslöste, Judäa verließ und nach Galiläa ging. In Galiläa gab es Unruhe unter den Pharisäern und nicht unter den Anhängern von Johannes. Außerdem wird berichtet, daß Jesus zu dieser Zeit nicht mit Wasser taufte, sondern diese Aufgabe seinen Jüngern übertrug. Als Jesus sich während seiner Reise an einem Brunnen ausruhte, kam bald eine Frau aus Samaria, um Wasser zu schöpfen. Die Jünger waren in die Stadt gegangen, um Lebensmittel zu kaufen. Jesus bat die Frau um einen Schluck Wasser. Diese war überrascht, weil sie eine Samariterin war und ihre Leute gewöhnlich nicht mit den Juden verkehrten. Jesus erklärte ihr daraufhin, wenn sie wirklich wüßte, wer er sei, wenn sie ihn als gottbewußte Seele erkennen würde, würde sie ihn um „lebendiges Wasser" bitten. Ein Meister kann, wenn er darum gebeten wird, in einem Schüler das Seelengewahrsein erwekken, wenn dieser im Einklang mit ihm ist, so daß der Schüler, seines Seelenwesens gewahr, erkennt, daß er durch die Macht des frei fließenden Geistes lebt.

Als die Frau Jesus nach diesen Wassern fragte, bat er sie, ihren Mann zu rufen. Sie antwortete, sie habe keinen Mann. Jesus bewies daraufhin Hellsichtigkeit oder seine Fähigkeit, klare Visionen zu haben, indem er ihr bestätigte, daß das stimme, sie habe keinen Mann. Doch sie habe mit mindestens fünf Männern zusammengelebt, und der Mann, mit dem sie gerade zusammenlebte, sei auch nicht ihr Ehemann. Die Frau war beeindruckt und erklärte, Jesus müsse ein Prophet sein, sonst könne er das nicht von ihr wissen. Als sie ihm erzählte, daß nach ihrer Tradition „dieser Berg" ihr Gotteshaus sei, erleuchtete Jesus sie:

„Weib, glaube mir, es kommt die Zeit, daß ihr weder auf diesem Berge noch zu Jerusalem werdet den Vater anbeten. Ihr wisset nicht, was ihr anbetet; wir wissen aber, was wir anbeten, denn das Heil kommt von den Juden. Aber es kommt die Zeit und ist schon jetzt, daß die warhaftigen Anbeter werden den Vater anbeten im Geist und in der Wahrheit; denn der Vater will haben, die ihn also anbeten. Gott ist Geist, und die ihn anbeten, die müssen ihn im Geist und in der Wahrheit anbeten." 4:21-24

Der äußerliche Ort spielt beim Gebet keine Rolle. Da Gott Geist ist, muß der Betende, wenn er Erfolg haben will, von Geist zu Geist sprechen. Die Seele, die individualisierter Geist ist, muß als Geist erkannt werden, dann fallen alle Verhaftungen an Tradition und Ritual weg.

Voll Begeisterung ging die Frau in die Stadt und berichtete von ihrem Erlebnis mit Jesus. Die Jünger, die inzwischen zurückkamen, boten ihm Essen an. Jesus, der möglicherweise noch im transzendentalen Bewußtsein versunken war, sagte zu ihnen:

„Ich habe eine Speise zu essen, von der ihr nicht wisset. Meine Speise ist die, daß ich tue den Willen des, der mich gesandt hat, und vollende sein Werk." 4:32,34

Die „Speise" oder das, was Jesus ernährte, war die unendliche Macht, die ihn motivierte und mit der Vision und Macht erfüllte, sein Lebenswerk zu vollbringen. Der Grund seiner Inkarnation war immer im Vordergrund seines Bewußtseins. Jesus entsprach der Beschreibung eines Avatars, wie sie in den orientalischen Schriften gegeben wird, eines vollkommenen Wesens, das auf die Erde kommt, um die Menschen zu erleuchten. Deshalb ist es nicht verwunderlich, daß Psychologen, die nach unterbewußten Beweggründen seines Verhaltens suchen, ihn nicht verstehen. Die Inkarnation einer selbstbewußten Seele ist Teil des kosmischen Plans. Wir erkennen dies an der Tatsache, daß Johannes der Täufer Jesus erwartete und bereits Jünger da waren, die er bloß dazu aufzurufen brauchte, ihn bei seiner Aufgabe zu unterstützen.

„Saget ihr nicht: Es sind noch vier Monate, so kommt die Ernte? Siehe, ich sage euch: Hebet eure Augen auf und sehet in das Feld; denn es ist schon weiß zur Ernte. Und wer da schneidet, der empfängt Lohn und sammelt Frucht zum ewigen Leben auf daß sich miteinander freuen, der da sät und der da schneidet." 4:35,36

Beim Getreideanbau können wir die Erntezeit an den Zeichen, die sichtbar werden, erkennen. Auch im spirituellen Sinn können wir die Zeichen, die die Erweckung ankündigen, erkennen, doch um die Ernte der inneren Heiterkeit und Freude einzubringen, brauchen wir nicht zu warten. Wenn wir die Aufmerksamkeit auf das Wesen Gottes lenken, können wir die Ernte der Selbstverwirklichung sofort einbringen und „Früchte sammeln zum ewigen Leben". Dann manifestieren wir die Eigenschaften des Geistes und erkennen die Wahrheit, daß der Säer und der Mäher ein- und derselbe sind und der gleiche Gott sind: Der Säer ist Gott wie auch der Mäher.

Es ist ganz natürlich, daß manche diese Lehre akzeptieren konnten und andere nicht. Jesus ging abermals nach Galiläa und traf einen Mann, der ihn bat, seinen Sohn zu heilen. Jesus sagte ihm einfach: „Gehe nachhause, Dein Sohn lebt." Der Mann glaubte, ging nachhause und fand seinen Sohn gesund vor. Das Fieber war genau zu der Stunde gewichen, als er bei Jesus war. Hierüber berichtet die Bibel als zweites Wunder. Im Licht der modernen Wahrheitlehre wissen wir, daß es relativ einfach ist, für einen Menschen, der auf Gott eingestimmt ist, „das Wort zu sprechen" und aus der Ferne zu heilen. Doch sogar heute noch wird von vielen eine solche Heilung als Wunder betrachtet.

Nach diesem Ereignis ging Jesus nach Jerusalem und kam an einen Teich am Schaftor, der Bethesda hieß. Dieser Teich war ein Heiligtum, der oft von vielen Menschen aufgesucht wurde, die sich Heilung erhofften. Ein Mann war nicht fähig, in den Teich zu gehen und erzählte dies Jesus. (Johannes 5:7) Jesus wies ihn an, aufzustehen, sein Bett zu nehmen und zu gehen. Der Mann glaubte und tat, wie ihm geheißen war.

Dies geschah an einem Samstag, und den Juden gefiel es nicht, daß jemand am Sabbath sein Bett trug. Da es zu einem Auflauf kam, verließ Jesus diesen Ort und ging zum Tempel, wo er später den Mann wiedertraf, der geheilt worden war. Er gab dem Mann den Rat: „Sündige hinfort nicht mehr, damit Dir nicht Ärgeres widerfahre." (Falle nicht in Dein früheres negatives Denken zurück, sonst wirst Du wieder krank werden oder eine noch schlimmere Krankheit bekommen).

Sündigen heißt, verfehlt denken und glauben und dadurch selbst eine Begrenzung in seinem Körper oder in seiner Umgebung zu schaffen. Das geschieht aufgrund des Gesetzes der mentalen Entsprechungen: *Innere Vorstellungsbilder tendieren, sich als äußere Umstände widerzuspiegeln.* Jeder Mensch projiziert in seine Umgebung, was er nach seiner inneren Überzeugung an Erfahrung verdient. So wie ein Mensch Krankheit und Begrenzung schaffen kann, so kann er Gesundheit und unbegrenzten Ausdruck erfahren, wenn er die Konzepte von Krankheit und Begrenzung aufgibt. Es spielt keine Rolle, wie lange wir in negativem Denken verhaftet waren – wenn wir diese Verhaltensweisen durchbrechen, können wir im gleichen Moment befreit sein. Das ist das Geheimnis sofortiger Heilung.

Der geheilte Mann erzählte sein Erlebnis den Juden, und sie suchten Jesus, um ihn zu bestrafen, weil er ihren Sabbath gebrochen hatte. Jesus sagte: „Mein Vater wirket bisher, und ich wirke auch." Das machte die Angelegenheit noch komplizierter, denn jetzt hatte er nicht nur den Sabbath gebrochen, sondern auch noch behauptet, er sei Gott gleich. Es folgt eine lange Erklärung der Beziehung zwischen dem Sohn und dem Vater. (Christus-Bewußtsein reflektiert den Willen des Geistes). Diese Erklärung besagt, daß Christus-Bewußtsein – da es eine Ausstrahlung des Geistes ist – nur das bewirken kann, was ihm aufgetragen wird. Das heißt, Jesus, der im Christus-Bewußtsein fest gegründet ist, kann nur das tun, wozu er sich im Moment geführt fühlt. Seine Intuition ist seine Führung, nicht die Tradition der Menschen.

In Kapitel Sechs des Johannes-Evangeliums wird berichtet, daß Jesus über das Meer nach Galiläa ging. Dann folgt die Episode von dem Brot und den Fischen. Von da geht er weiter, und die Menge folgt ihm, angezogen durch das Wort seiner Wunder wirkenden Macht. In einer Diskussion mit Ungläubigen (6:24-40) sagen die Menschen: „Ist das nicht Jesus, der Sohn Josephs, dessen Vater und Mutter wir kennen? Wie kann er dann sagen, daß er vom Himmel gekommen ist?“ (6:42)

„Es kann niemand zu mir kommen, es sei denn, daß ihn ziehe der Vater, der mich gesandt hat; und ich werde ihn auferwecken am Jüngsten Tage. Es steht geschrieben in den Propheten ‚Sie werden alle von Gott gelehrt sein.‘ Wer es nun hört vom Vater und lernt es, der kommt zu mir. Nicht daß jemand habe den Vater gesehen, außer dem, der vom Vater ist; der hat den Vater gesehen.“ 6:44-46

Jesus meint damit, daß kein Mensch seine Worte verstehen kann, wenn er nicht spirituell erwacht ist und mit dem Auge der Intuition wahrnehmen kann. Der Geist, der durch Jesus offenbar wird, zieht den Geist an, der sich in einzelnen Menschen kundtut. Es ist ganz natürlich, daß jeder, der mit dem Ohr der Intuition „hören“ kann, zu einem Wahrheitslehrer gezogen wird, der eine Offenbarung Gottes auf Erden ist. Wer von Gott ist (intuitiv erwacht ist), kann sein göttliches Wesen erkennen. Niemand kann den Vater (Geist) wahrnehmen, wenn er nicht intuitiv erwacht ist.

In Kapitel Acht wird berichtet, daß Jesus zum Ölberg ging. Eines Morgens, als er im Tempel lehrte, brachten ihm Schriftgelehrte und

Pharisäer eine Frau, die sie beim Ehebruch ertappt hatten. Sie versuchen Jesus, indem sie sagen, Moses habe in seinem Gesetz bestimmt, daß ein solcher Mensch gesteinigt werden soll, und sie fragen ihn, was er dazu zu sagen habe. Das ist eine offensichtliche Falle. Jesus gibt vor, sie nicht zu hören, und tut statt dessen etwas, was man in diesem Teil der Welt zu tun pflegt, wenn man tief in Gedanken versunken ist. Er bückt sich und schreibt etwas auf die Erde, um Zeit zu gewinnen und nachzudenken. Was er auf die Erde kritzelt, hat keinen Zusammenhang mit dem, was im Moment geschieht; es ist eine leere Geste, über die berichtet wird: „Er schrieb, als ob er sie nicht hörte". Nachdem er eine Weile nachgedacht hatte, stand er auf und sagte: „Wer unter euch ohne Sünde (Irrtum) ist, der werfe den ersten Stein auf sie." Dann bückte er sich nieder und schrieb weiter auf die Erde. Die Menschen wußten keine Antwort auf diese Herausforderung und schlichen davon.

Es folgt eine kurze Erklärung von Jesus über seine Beziehung zum Unendlichen und das Verhalten eines selbstverwirklichten Menschen:

„Ich bin das Licht der Welt; wer mir nachfolgt, der wird nicht wandeln in der Finsternis, sondern wird das Licht des Lebens haben."
8:12

Wie im ersten Kapitel dieses Buches aufgezeigt, erleuchtet das Christus-Bewußtsein die Welt. Jede erwachte Seele, die auf diese Bewußtseinsebene gelangt, übersteigt den Einfluß der Finsternis. Eine Seele, die nicht selbstverwirklicht ist, befindet sich in „Sünde" oder Finsternis. Der Weg aus Finsternis und Unwissenheit ist, die Selbstverwirklichung zu suchen und Christus-Bewußtsein zu erlangen.

„Ihr kennet weder mich noch meinen Vater; wenn ihr mich kenntet, so kenntet ihr auch meinen Vater." 8:19

Ein verblendeter Mensch kann die Wahrheit über das Wesen Gottes nicht intuitiv erfassen. Sobald jemand Christus-Bewußtsein erlangt, wird er auch fähig, das Wesen Gottes zu verstehen.

„Ich gehe hinweg, und ihr werdet mich suchen und in eurer Sünde sterben. Wo ich hin gehe, da könnt ihr nicht hin kommen.“ 8:21

„Ihr seid von untenher, ich bin von obenher; ihr seid von dieser Welt, ich bin nicht von dieser Welt. So habe ich euch gesagt, daß ihr sterben werdet in euren Sünden; denn so ihr nicht glaubet, daß ich es sei, so werdet ihr sterben in euren Sünden.“ 8:23,24

Ein Mensch, der nicht selbstverwirklicht ist, kann nicht das Leben eines selbstverwirklichten Menschen leben. Wenn so ein Mensch nicht nach Selbstverwirklichung strebt, ist ihm bestimmt, die Welt in Unwissenheit (in Sünde) zu verlassen. Jesus war sich bewußt, als erleuchtete Seele inkarniert zu sein; er sagte, daß er von „oben“, aus den Lichtbereichen, komme. Die Menschen, die zu dieser Zeit zu ihm kamen, waren „von dieser Welt“ oder auf materielle Dinge eingestellt. Er sagte die unmißverständliche Wahrheit: daß der Mensch, wenn er nicht erwacht und sein wahres Wesen als Christus-bewußte Seele nicht erkennt (wenn er nicht glaubt), mit Sicherheit diese Welt in einem Zustand der Täuschung verlassen wird. Natürlich erwachen auch solche Seelen in der nächsten oder in einer späteren Inkarnation.

„Wenn ihr des Menschen Sohn erhöhen werdet, dann werdet ihr erkennen, daß ich es sei und nichts von mir selber tue, sondern, wie mich mein Vater gelehrt hat, so rede ich.“ 8:28

Wenn wir uns innerlich erheben und unsere menschliche Natur läutern, erwachen wir zur Erkenntnis unseres göttlichen Wesens und verstehen das Bewußtsein von Jesus. Dann erkennen wir, daß alle Weisheit aufgrund des erleuchteten Bewußtseins aus dem Innern fließt.

„So ihr bleiben werdet an meiner Rede, so seid ihr meine rechten Jünger und werdet die Wahrheit erkennen, und die Wahrheit wird euch frei machen. “ 8:31,32

Wenn ein ernsthafter Wahrheitssuchender den weisen Rat eines selbstverwirklichten Meisters befolgt, wird er schließlich die Wahrheit über das Wesen Gottes, über sich selbst und seine Beziehung zu allem Leben erkennen. Diese Erkenntnis macht ihn frei. Jene, die Jesus zuhören, verstehen nicht, was er ihnen zu erklären versucht:

„Warum kennt ihr denn meine Sprache nicht? Denn ihr könnt ja mein Wort nicht hören.“ 8:43

Die Menschen verstehen nicht, was Jesus sagt, weil sie in einer anderen Welt leben, in einem anderen Bewußtsein als er. Sie „hören“ ihn nicht wirklich. Sie versuchen, was er sagt, auf ihrer Verstandesebene zu begreifen, statt sich zu bemühen, mit Intuition den Sinn seiner Worte zu erfassen.

„Ihr seid von dem Vater, dem Teufel, und nach eures Vaters Lust wollt ihr tun. Der ist ein Mörder von Anfang und ist nicht bestanden in der Wahrheit; denn die Wahrheit ist nicht in ihm. Wenn er die Lüge redet, so redet er von seinem Eigenen; denn er ist ein Lügner und ein Vater derselben.“ 8:44

Hier weist Jesus auf die Naturstruktur hin, wie sie von den östlichen Weisen verstanden wird. Die Alten bezeichneten sie als Maya: zusammengesetzt aus den Elementen von Zeit, Raum, Bewegung und Lichtpartikeln, aus denen die Formen der Schöpfung gestaltet wurden. Eine Seele, die sich in die Naturstruktur verstricken läßt, ist getäuscht, weil sie die Intuition verdunkelt. Ein Mensch, der sich mit der Natur völlig identifiziert, ist nach der Terminologie des Neuen Testaments des Teufels, denn das griechische Wort *diabolus* bedeutet Teufel. Die Propheten des Alten Testaments sprechen vom Satan oder vom „Widersacher“ – mit dem der Mensch auf dem spirituellen Weg ringen und ihn schließlich überwinden muß, um Erleuchtung zu erlangen. Deshalb heißt es, daß ein Mensch, der sich ohne göttliche Führung vor allem mit den Dingen dieser Welt befaßt, des Teufels ist. Der Teufel, der Satan, die Maya, die Verblendung, wie immer wir es nennen, ist die Ursache des Irrtums. Es ist keine Wahrheit darin. Es ist lediglich die Substanz, die die höchste Intelligenz benützt, um die Welten zu formen.

„Wahrlich, wahrlich ich sage euch: So jemand mein Wort wird halten, der wird den Tod nicht sehen ewiglich." 8:51

Wenn jemand die Erkenntnis des Christus-Bewußtseins in sich bewahrt (meine Worte hält), hören die Schwankungen des Gewahrseins auf. Die Erkenntnis des wahren Wesens der Seele, die individualisierter Geist ist (ungeboren, unsterblich und unzerstörbar), löscht die frühere Auffassung vom Tod (der ein Ende oder eine Eintrübung des Bewußtseins bedeutet).

Diese Aussage erregte die Menschen, und sie fragten Jesus, ob er sich größer erachte als Abraham. Und Jesus antwortete:

„Abraham, euer Vater, ward froh, daß er meinen Tag sehen sollte; und er sah ihn und freute sich." 8:56

Abraham freute sich, das Christus-Bewußtsein erlangt zu haben (das überpersönlich und für jeden erreichbar ist).

Dann wird Jesus gefragt: „Du bist noch nicht fünfzig Jahre alt und hast Abraham gesehen?

„Jesus sprach zu ihnen: Wahrlich, wahrlich ich sage euch: Ehe denn Abraham ward, bin ich." 8:58

Schon lange bevor Abraham lebte, existierte der Geist. Wer Gott-bewußt ist, kann sagen: „Jeder, der die Wahrheit über sich selbst erkannte, auch wenn es Jahrhunderte her ist, hat mein Bewußtsein erkannt."

Das ewige Leben wird uns nicht als Lohn für gute Taten in dieser Welt für die Zukunft verheißen. Jesu Botschaft ist: Das ewige Leben beginnt für jeden in diesem Augenblick, wenn er dazu erwacht.

Im neunten Kapitel lesen wir von der Heilung eines Mannes, der von Geburt an blind war. Die Pharisäer können nicht verstehen, wie es Jesus wagen kann, am Sabbath zu heilen. Und sie fragen sich, wie er Gutes tun kann, wenn er kein rechtschaffener Mensch ist.

„Wahrlich, wahrlich ich sage euch: Wer nicht zur Tür hineingeht in den Schafstall, sondern steigt anderswo hinein, der ist ein Dieb und ein Mörder. Der aber zur Tür hineingeht, der ist ein Hirte der Schafe. Dem tut der Türhüter auf, und die Schafe hören seine Stimme; und er ruft seine Schafe mit Namen und führt sie aus.“ 10:1-3

Dies ist ein Gleichnis, das uns erklärt, daß wir reine Beweggründe haben und geradewegs in das Reich Gottes (Schafstall) eingehen müssen, um spirituell zu werden. Nur ein solcher Mensch ist fähig, ein Instrument zu sein, durch das anderen der Weg zu Gottverwirklichung gezeigt werden kann. Wer nicht geradewegs in das Reich Gottes eingeht, zur völligen Gottverwirklichung gelangt, sondern Verwirklichung sucht zu seinem persönlichen Vorteil oder Macht ausübt zu eigennützigen Zwecken, ist tatsächlich ein Dieb oder Räuber. Solche Menschen neigen dazu, Zauberer zu werden oder sich auf pseudo-spirituelle Weise in die Angelegenheiten anderer Menschen zu mischen. Wer sich danach sehnt, die letzte Wahrheit zu erkennen, sollte nur danach streben, das Christus-Bewußtsein zu erreichen, das Tor zum Gott-Bewußtsein. Ganz gleich, ob diese Bewußtseinsebene Christus-Bewußtsein, universale Intelligenz oder der Bereich vollkommener Wesen genannt wird – es ist und bleibt immer der einzige Weg zur Gottverwirklichung.

„Ich bin die Tür; so jemand durch mich eingeht, der wird selig werden und wird ein und aus gehen und Weide finden.“ 10:9

Christus-Bewußtsein, oder wie immer es genannt wird, ist das Tor zur transzendentalen Erfahrung. Jeder, der durch dieses Tor geht, wird „gerettet sein“ aus Unwissenheit und Leid. Ein solcher Mensch kann „ein- und ausgehen“ oder kommen und gehen wie er will – er wird durch *Es* erhalten. Diese Erfahrung wird von den östlichen Lehrern *samadhi* genannt. Samadhi bedeutet die Verwirklichung des Einsseins. Wenn wir in der Meditation in diesen Bewußtseinszustand gelangen, sind uns immerwährende Glückseligkeit und schließliche Befreiung sicher.

„Ein Dieb kommt nur, daß er stehle, würge und umbringe. Ich bin gekommen, daß sie das Leben und volle Genüge haben sollen.“
10:10,11

Der „Dieb“ – jemand der nur teilweise selbstverwirklicht ist und unreine Beweggründe hat – bewirkt mehr Schaden als Gutes, verwirrt andere und zerstört alle Hoffnung. Das reine Christus-Bewußtsein, das sich in der Hingabe eines selbstverwirklichten Menschen an seine geistige Aufgabe (Lehramt) offenbart, erweckt Seelen und zeigt ihnen den Weg zu einem erfüllten Leben. Freiheit ohne jede Begrenzung, Gesundheit und Glückseligkeit, erwarten den Menschen, der den Pfad der Selbstverwirklichung beschreitet. Wenn sich durch Selbstverwirklichung falsche Vorstellungen über das Leben auflösen, ist Ganzheit die natürliche Folge.

„Denn meine Schafe hören meine Stimme, und ich kenne sie; und sie folgen mir, und ich gebe ihnen das ewige Leben; und sie werden nimmermehr umkommen, und niemand wird sie mir aus meiner Hand reißen. Der Vater, der mir sie gegeben hat, ist größer denn alles; und niemand kann sie aus meines Vaters Hand reißen. Ich und der Vater sind eins.“
10:27-30

Jesus sagt: „Meine wahren Schüler verstehen intuitiv meine Botschaft und folgen meinen Anleitungen, so daß sie erwachen und verwirklichen können, was ich verwirklicht habe. Ich (das Christus-Bewußtsein) gebe ihnen das Gewahrsein ewigen Lebens; sie sollen nie untergehen (sich verirren oder in Verstrickung geraten), niemand wird sie aus meiner Hand reißen (niemand wird sie von ihrem Ziel abbringen, zu erkennen, was ich erkannt habe). Mein Vater, Gott, der sie mir gegeben hat, ist größer denn alles (da er die Quelle und der Erhalter von allem ist), und niemand kann sie aus meines Vaters Hand reißen. Ich und der Vater sind eins. (Mein Wesen – Christus-Bewußtsein – ist das gleiche wie das Wesen Gottes)."

In Kapitel Elf kommen wir zur Erweckung des Lazarus. Seine beiden Schwestern, Martha und Maria, gingen zu Jesus, um ihm von der Krankheit zu berichten, die ihren Bruder befallen hatte. Als Jesus sie angehört hatte, sagte er: „Diese Erkrankung führt nicht zum Tode, sondern zur Ehre Gottes, daß der Sohn Gottes dadurch geehrt werde." In zeitgemäßer Sprache: „Der Zustand wird nicht zu seinem Tode führen, sondern zu einem größeren Verständnis seines wahren Wesens, wenn sich das Christus-Bewußtsein in ihm manifestiert." Jesus unternahm nichts, um zu dieser Zeit zu Lazarus zu gehen. Er blieb aber zwei weitere Tage an dem Platz, an dem er war. Danach bat er seine Jünger, mit ihm nach Judäa zu gehen. Die Jünger jedoch, die sich an ihren früheren Aufenthalt dort erinnerten, bei dem sie beinahe gesteinigt worden waren, versuchten, Jesus davon abzuhalten. Der Meister aber erklärte, ein Mensch, der im Licht der Intuition geht (im Licht des Tages) werde nicht stolpern und keine Fehler begehen. Er wisse, wohin er gehe und warum, und es werde nichts Schlimmes geschehen. (Johannes 11:11)

Wir lesen, daß Jesus, als er zum Grab kam und hörte, daß Lazarus gestorben war, betrübt war und sogar weinte. Tatsächlich eine merkwürdige Sache! Er hatte es nicht eilig, dorthin zu kommen und den beiden Schwestern versichert, daß die Krankheit nicht tödlich verlaufen würde.

Dann gab er sich einen Ruck und ging zum Eingang des Grabes, das eine mit einem Stein versperrte Höhle war. Der Stein wurde weggewälzt. Es gibt keinen Zweifel, daß Lazarus seit vier Tagen tot war. Jesus hob seine Augen (er hob seinen Blick von der Erscheinungswelt zur wirklichen Welt), und nachdem er sich in einen erhöhten Bewußtseinszustand versetzt hatte, befahl er Lazarus „herauszukommen". Und Lazarus kam heraus, in seine Grabtücher gehüllt, die abgenommen werden mußten.

Laßt uns die Situation betrachten. Im Osten – wir dürfen nie vergessen, daß alles im Osten geschah – wird dem Schülern gelehrt, so tief in die Meditation einzugehen, daß er über das Körpergewahrsein hinaus gelangt. Bei manchen Schülern steht nach tiefer Konzentration der Atem still, und sie versinken für lange Zeit in einen dem Scheintod ähnlichen Zustand, in dem sie der äußeren Welt gegenüber *tot*, sich der inneren Bereiche jedoch intensiv bewußt sind.

Lazarus, der Jesus nahestand, ist vielleicht diese tiefe Meditation gelehrt worden. Das mag erklären, warum Jesus so unbesorgt war, als man ihm von Lazarus' „Krankheit" berichtete. Oder vielleicht wußte Jesus intuitiv, daß, wenn Lazarus krank war, in diesem Moment kein Grund zur Sorge bestand. Sicher ist, daß Jesus nicht befürchtete, daß Lazarus sterben würde. Seine Bemerkung, daß Lazarus' Zustand nicht „zum Tode führen" würde, sondern „zur Ehre Gottes" sei, deutet darauf hin, daß er annahm, daß Lazarus eine höherführende Erfahrung haben würde. Das scheint mir vernünftiger, als wenn Jesus zugelassen hätte, daß Lazarus den Körper verließ, lediglich um ihn zurückzubringen, um damit seine Fähigkeit zu demonstrieren. Er hatte genügend Gelegenheit, seine Macht zu anderen Zeiten und auf andere Weise zu beweisen. Es wird berichtet, daß Jesus sichtlich bewegt war, als er Lazarus tot vorfand. Sich sammelnd, das heißt, seine Kräfte durch Konzentration sammelnd, klärte er sein Bewußtsein, so daß er sein Einssein mit Gott spürte und von dieser Ebene „sprach er das Wort" und befahl der Lebenskraft, Lazarus' Körper zu beleben. Ein starker Wille, unterstützt durch tiefes Gewahrsein Gottes, kann Dinge bewirken, die einem durchschnittlichen Menschen wie Wunder vorkommen. Möglicherweise war Lazarus in einem todesähnlichen Zustand, doch im Gehirn und in der Wirbelsäule waren immer noch schwache Anzeichen von Lebenskraft. Wie auch immer – er wurde in diese Welt zurückgerufen, und jene, die dies miterlebten, waren zutiefst beeindruckt.

Doch Ärger braute sich zusammen. Die hohen Priester und Pharisäer riefen ein Konzil zusammen und kamen zu dem Schluß, daß das Volk Jesus, wenn er mit seiner Verkündung fortführe, mehr glauben würde als ihnen. Dann würden sie ihren Einfluß und ihre Stellungen verlieren. Deshalb beschlossen sie, ihn auszuschalten. Das Passahfest nahte und mit ihm eine Serie ungewöhnlicher Ereignisse.

Jesus befand sich noch immer in der mißlichen Lage Menschen um sich zu haben, darunter seine engsten Jünger, die sich weigerten, alles zu glauben, was er sagte. Und das, obwohl sie Zeugen seines Werkes waren. Sechs Tage vor dem Passahfest ging Jesus nach Bethanien (Johannes 12:1), um mit Lazarus, Maria, Martha und den Jüngern zu Abend zu essen.

Am nächsten Tag war eine Festlichkeit, und als er auf dem Weg dorthin war, kamen viele Menschen, die vom Lazarus-Wunder gehört hatten und hießen ihn in Jerusalem willkommen. Zu dieser Zeit wußte Jesus bereits, daß das Ende seines irdischen Werkes gekommen war. Viele Menschen, einschließlich einiger Regierender, glaubten an sein Werk, bekannten sich jedoch nicht öffentlich zu ihm.

Während er mit seinen Jüngern das Abendmahl einnahm, unterwies er sie. Er lehrte sie, demütig und fest im Glauben zu sein. In diesem Evangelium wird auch berichtet, daß er in Judas denjenigen erkannte, der die Rolle des Verräters spielen würde. Nachdem er Judas gesagt hatte, er solle seinen Plan ausführen, sprach er weiter mit seinen Jüngern. Die Jünger sahen, wie Jesus zu Judas sprach und dieser den Raum verließ. Doch sie nahmen an, Jesus habe ihm gesagt, er solle Nahrung für die Armen kaufen. (Johannes 13:29). Einige Übersetzer der Schriften vom Toten Meer folgerten, daß mit den „Armen“, von denen im Neuen Testament berichtet wird, der Orden der Essener gemeint sei und nicht „arme Menschen". Da wir uns hier jedoch mit den falschen Vermutungen der Jünger befassen, brauchen wir darüber nicht weiter zu diskutieren.

Von der traditionellen Auffassung wird hier etwas abgewichen. Man hält Judas oft für denjenigen, der Jesus verraten hat. Wir sehen jedoch, daß Jesus völlig gewahr war, welche Absichten sein Jünger hatte und ihm sogar selbst sagte, er solle tun, was er tun müsse. In diesem Licht betrachtet, kann Judas nicht als der Verursacher dessen angesehen werden, was dann geschah.

Er ist offenkundig nur einer von vielen, die ihre Rolle spielen müssen. Johannes berichtet an dieser Stelle, daß Jesus seinen Jüngern ein neues Gebot gab:

„Ein neu Gebot gebe ich euch, daß ihr euch unter einander liebet, wie ich euch geliebt habe, auf daß auch ihr einander liebhabet."
13:34

Spricht Simon Petrus zu ihm: „Herr, wo gehst du hin?" Jesus antwortete ihm: „Wo ich hingehe, kannst du mir diesmal nicht folgen; aber du wirst mir nachmals folgen." 13:36

Auf eine frühere Aussage Jesu bezugnehmend, bittet Petrus um eine genauere Erklärung, wohin Jesus gehen will und warum er ihm nicht folgen könne. Jesus versichert ihm, daß er ihm später folgen werde, wenn er sein Bewußtsein geklärt habe und fähig sei, das Wesen der spirituellen Erleuchtung zu verstehen. Als Petrus noch weiter in ihn dringt und versichert, daß er sogar bereit sei, sein Leben für Jesus hinzugeben, benützt Jesus seine prophetische Gabe und sagt zu Petrus, daß er ihn trotz seiner Bereitwilligkeit, sein Leben für ihn zu geben, verleugnen werde.

Wie wir alle wissen, kann man in einer sicheren Situation tapfer sein, und sich dennoch später im Angesicht der Gefahr wieder fürchten.

Dann tröstet Jesus seine Jünger und bereitet sie auf das Kommende vor:

„Euer Herz erschrecke nicht! Glaubet an Gott und glaubet an mich! In meines Vaters Hause sind viele Wohnungen. Wenn's nicht so wäre, so wollte ich zu euch sagen: Ich gehe hin, euch die Stätte zu bereiten. Und wenn ich hingehe, euch die Stätte zu bereiten, so will ich wiederkommen und euch zu mir nehmen, auf daß ihr seid, wo ich bin." 14:1-3

„Euer Herz sei nicht betrübt, glaubet an das Unendliche, und da ich mit ihm eins bin, glaubet ebenso an mich. In der unendlichen Allgegenwart gibt es viele Bewußtseinsebenen, dessen könnt ihr sicher sein. Weil ich gehe, um in einer höheren und klareren Ebene des Gewahrseins verankert zu sein, so werdet auch ihr euch erheben, um mich dort auf einer neuen Ebene wiederzutreffen."

Spricht zu ihm Thomas: „Herr wir wissen nicht, wo du hingehst; und wie können wir den Weg wissen?" Jesus spricht zu ihm: „Ich bin der Weg und die Wahrheit und das Leben; niemand kommt zum Vater denn durch mich. Wenn ihr mich kenntet, so kenntet ihr auch meinen Vater. Und von nun an kennet ihr ihn, habt ihn gesehen."
14:5-7

Auf die von Thomas gestellte Frage antwortet Jesus: „Ich (das Christus-Bewußtsein) bin der Weg zum kosmischen Bewußtsein und ich (Christus-Bewußtsein) bin die Wahrheit und das Leben." *Wahrheit* und *Leben* ist das Wesen des reinen Bewußtseins. Niemand kann kosmisches Bewußtsein erfahren, ohne durch die Ebene des Christus-Bewußtseins gegangen zu sein, die das Tor ist. „Wenn Du diesen Bewußtseinszustand selbst erfahren hättest (mich erkannt hättest), würdest Du auch Gott erkennen (erfahren). Doch künftig wirst Du dies erfahren."

Philipp, ein ebenfalls anwesender Jünger, kann nicht verstehen, was Jesus zu erklären versucht, und bittet Jesus, ihm den Vater zu zeigen.

Darauf erklärt Jesus nochmals die Ebenen des Gewahrseins und fährt fort:

„Wer an mich glaubt, der wird die Werke auch tun, die ich tue, und wird größere als diese tun; denn ich gehe zum Vater.“ 14:12

Wer das Christus-Bewußtsein erlangt hat, wird die gleichen gewaltigen Werke tun, die ich getan habe, und sogar größere gemäß seiner Erkenntnis und Fähigkeit.

„Und was ihr bitten werdet in meinem Namen, das will ich tun, auf daß der Vater geehrt werde in dem Sohne. Was ihr bitten werdet in meinem Namen, das will ich tun.“ 14:13,14

„Und was immer ihr wünscht, vollendet zu sehen, ihr braucht *es nur zu wollen* und es wird geschehen, solange ihr in der Erkenntnis des Christus-Bewußtseins bleibt.“ Auf dieser Ebene sieht die selbstverwirklichte Seele klar, wie Gemütssubstanz als Materie erscheint.

„Und ich will den Vater bitten, und er soll euch einen anderen Tröster geben, daß er bei euch bleibe ewiglich; den Geist der Wahrheit, welchen die Welt nicht kann empfangen; denn sie sieht ihn nicht und kennt ihn nicht. Ihr aber kennt ihn; denn er bleibt bei euch und wird in euch sein.“ 14:16,17

„Ich werde für Dich Fürbitte leisten, damit Dein Bewußtsein geöffnet werde, so daß du des Trösters (Heiliger Geist, Amen, Aum, Om) gewahr werden kannst, und durch ständige Kontemplation darüber wirst du ihm bis zur Quelle folgen, die Gott ist. Dann wirst du den Geist der Wahrheit begreifen, doch es gibt andere, die dies nicht können, weil sie nicht so wahrnehmungsfähig sind wie Du.“

„Ich will euch nicht Waisen lassen; ich komme zu euch. Es ist noch um ein kleines, so wird mich die Welt nicht mehr sehen; ihr aber sollt mich sehen; denn ich lebe, und ihr sollt auch leben. An dem Tage werdet ihr erkennen, daß ich in meinem Vater bin und ihr in mir und ich in euch. Wer meine Gebote hat und hält sie, der ist es, der mich liebt. Wer mich aber liebt, der wird von meinem Vater geliebt werden, und ich werde ihn lieben und mich ihm offenbaren.“ 14:18-21

„Ich werde euch nicht im Stich lassen. In Kürze werde ich diese Welt verlassen, so wie es die Masse versteht. Aber du wirst fähig sein, zu erkennen und das Christus-Bewußtsein zu begreifen durch die Praxis der Meditation und aufgrund deiner daraus resultierenden spirituellen Entfaltung. Wenn du mich (das Christus-Bewußtsein) erkennst, wirst du die Beziehung zwischen den Ebenen des Gewahrseins verstehen. Du wirst erkennen, daß es keine Trennung gibt. Wer den spirituellen Gesetzen gemäß lebt und tiefe Meditation praktiziert, wird die volle Erkenntnis des Unendlichen erlangen. Er wird eine befreite Seele werden.“

„Aber der Tröster, der heilige Geist, welchen mein Vater senden wird in meinem Namen, der wird euch alles lehren und euch erinnern alles des, das ich euch gesagt habe.“ 14:26

Wenn ernsthafte Wahrheitssuchende lernen, sich mit der kosmischen Schwingung (dem Heiligen Geist) in Einklang zu bringen, dann erwacht die Intuition, ruft Erinnerungen der Selbstverwirklichung hervor und verschafft dem Menschen Zugang zu dem Speicher des Unterbewußten, so daß alles Gehörte und Erlebte leicht zurückgerufen werden kann.

Dann segnet Jesus seine Jünger und überzeugt sie von seinem sicheren Eingehen in den Ozean des kosmischen Bewußtseins. Er sagt ihnen auch, daß „der Fürst dieser Welt“ kommen wird und „hat nichts an mir“ (Johannes 14:3o). Das heißt, die Täuschung der Sinne wird versuchen, in sein Bewußtsein einzudringen, kann es jedoch nicht, weil sein Bewußtsein rein ist und in ihm keine Vorstellungsbilder sind, mit denen irreführende Gedanken übereinstimmen könnten. Jesus bereitet sich vor, diese Welt zu verlassen, indem er sich in der innersten Erkenntnis seines göttlichen Wesens verankert.

„Ich bin der rechte Weinstock, und mein Vater der Weingärtner. Eine jegliche Rebe an mir, die nicht Frucht bringt, wird er wegnehmen; und eine jegliche, die da Frucht bringt, wird er reinigen, daß sie mehr Frucht bringt. Ihr seid schon rein um des Wortes willen, das ich zu euch geredet habe. Bleibet in mir und ich in euch. Gleichwie die Rebe kann keine Frucht bringen von ihr selber, sie bleibt denn am Weinstock, also auch ihr nicht, ihr bleibet denn in mir. Ich bin der Weinstock, ihr seid die Reben. Wer in mir bleibt und ich in ihm, der bringt viele Frucht, denn ohne mich könnt ihr nichts tun.“

15:1-5

Das Christus-Bewußtsein ist der Kanal, durch den das Leben und die Macht in die Schöpfung fließen. Jede Eigenschaft im Bewußtsein des Menschen, die nicht weiterentwickelt wird, geht verloren oder schläft ein. Jede Eigenschaft, die fruchtbar ist, verstärkt sich. Doch auch die Eigenschaften, die fruchtbar sind, werden von Zeit zu Zeit im Feuer der Disziplin geläutert und erprobt, auf daß sie noch fruchtbarer werden. Alle Menschen werden durch das innere Licht – das Christus-Bewußtsein – erhalten und sind deshalb Reben des Weinstocks, der für sie lebensnotwendig ist. Solange wir nicht lernen, bewußt unseres Christus-Bewußtseins gewahr zu werden, vermögen wir nichts von spirituellem Wert in dieser Welt zu tun.

„Ihr habt mich nicht erwählt, sondern ich habe euch erwählt und gesetzt, daß ihr hingehet und Frucht bringet und eure Frucht bleibe, auf daß, so ihr den Vater bittet in meinem Namen, er's euch gebe.“

15:16

Es war kein Zufall, daß Jesus seine Jünger berief. Er kannte sie aus der Vergangenheit und wußte, daß sie bestimmte Eigenschaften besaßen, die entwickelt und zum Wohl der Welt eingesetzt werden konnten. Den Jüngern wird versichert, daß, worum sie bitten, geschehen wird, solange sie im Christus-Bewußtseinszustand (in meinem Namen) bleiben.

„So euch die Welt haßt, so wisset, daß sie mich vor euch gehaßt hat. Wäret ihr von der Welt, so hätte die Welt das Ihre lieb; weil ihr aber nicht von der Welt seid, sondern ich habe euch von der Welt erwählt, darum haßt euch die Welt.“ 15:18,19

Weil die Welt (jene, die getäuscht sind) die Wahrheit über Gott und das Wesen der Dinge nicht kennt, widersteht und grollt sie jedem, der zu wissen behauptet. Menschen, die mit dem gewöhnlichen menschlichen Bewußtsein übereinstimmen, sind bei der Masse beliebt, die sich auf dieser Verständnisebene befindet.

„Wenn aber der Tröster kommen wird, welchen ich euch senden werde vom Vater, der Geist der Wahrheit, der vom Vater ausgeht, der wird zeugen von mir. Und ihr werdet auch zeugen; denn ihr seid von Anfang bei mir gewesen.“ 15:26, 27

Wenn die Jünger spirituell erweckt und in Harmonie mit Aum (dem Heiligen Geist) sind, der vom reinen Bewußtsein ausströmt, werden sie Macht über die menschlichen Fähigkeiten hinaus haben, Selbstverwirklichung erlangen und die Wahrheit erkennen, daß sie sprituelle Wesen sind, eins mit Gott, daß sie es von Anfang an gewesen sind, so wie Jesus es bei sich selbst erkannte.

„Aber ich sage euch die Wahrheit: es ist euch gut, daß ich hingehe. Denn so ich nicht hingehe, so kommt der Tröster nicht zu euch; so ich aber gehe, will ich ihn zu euch senden.“ 16:7

Jesus sagt ihnen damit: Wenn er nicht seinen physischen Körper aufgibt und sie verläßt, werden sie weiterhin zu ihm in diesem Körper aufschauen, anstatt zu meditieren und ihr eigenes göttliches Wesen zu erkennen. Jesus spricht wie ein weiser Guru, der weiß, was das Beste für seine Jünger ist, der durch seine Macht, zu segnen, fähig ist, ihnen aus ihren Problemen und falschen Meinungen herauszuhelfen, so daß sie spirituell erwachen können.

In Kapitel Siebzehn betet Jesus für seine Jünger, daß sie geläutert und geistig erweckt werden mögen.

Es ist der Wunsch eines wahren spirituellen Lehrers, seine Schüler soweit wie möglich zu erwecken, bevor er sie verläßt. Eines der schönsten Worte des Neuen Testaments finden wir in diesem letzten Gebet:

„Das ist aber das ewige Leben, daß sie dich, der du allein wahrer Gott bist, und den du gesandt hast, Jesum Christum, erkennen." 17:3

Das wahre Wesen Gottes und das Wesen des Christus-Bewußtseins erkennen heißt, das ewige Leben zu erkennen.

„Und nun verkläre mich du, Vater, bei dir selbst mit der Klarheit, die ich bei dir hatte, ehe die Welt war." 17:5

Das ist das höchste Gebet, das man sprechen kann, um des göttlichen Wesens völlig bewußt zu werden, wie es war am Anfang, bevor die Schöpfung sich manifestierte. Diese Haltung ist das höchste Ziel der Meditation.

Nachdem Jesus gebetet und seine Jünger gesegnet hatte, ging er mit ihnen in einen Garten, den er häufig für Kontemplation aufsuchte. Judas kannte diesen Platz auch und erschien mit einer Schar von Menschen mit Laternen und Waffen. (Johannes 18:3).

Es gibt in diesem niedergeschriebenen Bericht keinen Beweis dafür, daß Jesus verraten wurde. Er kannte seine Bestimmung und wußte, was ihn auf jedem Schritt des Weges erwarten würde. Einen gottbewußten Menschen irrezuführen, ist eine Unmöglichkeit. Wir erinnern uns, daß Jesus am frühen Abend während des Essens Judas aufforderte, zu tun, was er tun müsse, und so war ihm klar, als er in den Garten ging, daß Judas wußte, wo er sich aufhielt. Die Menschen führten Jesus zu Hannas, dem Schwiegervater des in diesem Jahr amtierenden Hohenpriesters.

„Es war aber Kaiphas, der den Juden riet, es wäre gut, daß ein Mensch würde umgebracht für das Volk.“ 18:14

Es gibt in der Geschichte keinen Beweis dafür, daß das wahr ist. Und von diesem Punkt an finden wir in der weiteren Erzählung des Evangeliums einen Widerspruch nach dem anderen. Es gibt keinen Beweis dafür, daß die Juden Jesus vor ein Gericht stellten, sondern er wurde Pilatus vorgeführt, der, nachdem er ihn verhört hatte, erklärte, er finde keine Schuld an ihm. Das Volk wollte, daß Barabbas freigelassen würde, und so geschah es. Jesus wurde weiter gefangengehalten. Er wurde „gegeißelt“ oder mit Riemen gepeitscht, und die römischen Soldaten flochten eine Dornenkrone, setzten sie auf sein Haupt und legten ihm ein Purpurkleid an. Pilatus brachte Jesus vor die Menge und sagte ihr nochmals, nach seiner Meinung sei keine Schuld an ihm. Doch die herrschenden Juden wollten, daß Jesus gekreuzigt wurde, und Pilatus beugte sich ihrem Wunsch. Man führte Jesus zur Schädelstätte, auf hebräisch Golgatha genannt, wo er zwischen zwei anderen gekreuzigt wurde. Pilatus schrieb ans Kreuz „Jesus von Nazareth, der König der Juden“. Angeblich schrieb er es in hebräischer, griechischer und lateinischer Sprache. Dann wurden Jesus die Kleider genommen und in vier Teile geteilt und sein Rock wurde unter den Soldaten verlost.

Gelehrte meinen, daß der Bericht über die Kreuzigung voller Unwahrheiten, Legenden und Widersprüche sei. Zuerst brachten angeblich die Juden Jesus zu Pilatus vor Gericht. Daraus wird gefolgert, daß Jesus umgebracht werden sollte, weil er sich selbst als König bezeichnete. Doch es wird berichtet, daß Jesus zu Pilatus sagte, daß sein Reich nicht von dieser Welt sei, was die Sache klären und zeigen sollte, daß sein Anspruch keine Gefahr für irgendeinen Regenten auf Erden bedeutete. Diese einfache Erklärung wurde nicht akzeptiert und Jesu Tod gefordert. Hier erhebt sich die Frage: Wenn die Juden Jesus töteten, warum taten sie es nicht nach ihrer traditionellen Methode, indem sie ihn steinigten oder enthaupteten? Wenn die Römer ihn umgebracht haben, warum bestanden sie nicht auf einer regelrechten Gerichtsverhandlung? Schließlich war das römische Recht zu dieser

Zeit hochentwickelt. Warum setzten die römischen Soldaten außerhalb des Blickfeldes der Menge, bevor sie Jesus dem Volk auslieferten, ihm eine Dornenkrone auf!s Haupt, legten ihm ein Purpurgewand um und spotteten ihn als „König der Juden"? Das alles ähnelt dem späteren römischen Brauch, bei einer Saturnalie (Feier zu Ehren des Saturn) durch Ziehung eines Loses ein Opfer zu wählen. Dabei wurde dem Opfer erlaubt, bei einem Fest, bei dem man sich fantastischen Ausschweifungen hingab, zu präsidieren. Am Ende des Festes wurde der zeitweilige König auf dem Altar des Saturn geopfert oder er tötete sich selbst mit einer Waffe, die ihm zu diesem Zweck gegeben wurde.

Es ist jedoch zweifelhaft, ob die römischen Soldaten diesen Brauch zu dieser Jahreszeit durchführten, da er traditionell am 17. Dezember üblich war.

Es gibt noch andere Berichte, daß nach der Überlieferung diese Episode mit Bräuchen von Babylon und Persien gleichgesetzt wurde, wo ein junger Sonnenkönig in einer Prozession im Frühjahr mitritt. In Babylon wurde in der Zeit persischer Herrschaft um den 25. März ein Fest gefeiert, zu dem ein Gefangener ausgewählt wurde, dem für die Dauer des Festes alle Ehren und Privilegien eines Königs verliehen wurden, doch danach der festlichen Kleidung entblößt, augepeitscht und gehängt wurde.

Wenn man bedenkt, daß die Erzählung über Jesu Kreuzigung von Mund zu Mund weitergegeben und erst nach mehreren Generationen niedergeschreiben wurde, so ist die Möglichkeit groß, daß viele Traditionen und Bräuche mit der Geschichte verflochten wurden, um besonderen Zwecken der Evangelien-Erzähler gerecht zu werden. Alle Evangelien erlitten im Lauf der Jahrhunderte drastische Überarbeitungen gemäß den Bedürfnissen der Zeit und dem Willen mehr als nur eines Kirchenvertreters.

Einige Autoren versuchen die Geschichte psychologisch zu erklären. Sie legen dar, daß auf Golgatha der Mensch schlechthin gekreuzigt wird, oder daß das Gewahrsein des Menschen durch den Schädel begrenzt ist, und er muß deshalb lernen muß, sein Gewahrsein über den Schädel hinaus zu erweitern, um die Auferstehung zu erfahren und wahre Freiheit zu erlangen.

Überall in den Evangelien finden wir Hinweise darauf, daß die Soldaten darauf bedacht waren, nichts zu tun, was den prophetischen Schriften widersprechen würde. Dies scheint darauf hinzudeuten, daß spätere Bearbeiter der Heiligen Schriften Einzelheiten so arrangierten, daß die Geschichte mit den Prophezeihungen des Alten Testaments übereinstimmte und so den Evangelien Gewicht verleihen würde.

Die Auferstehungsgeschichte

Das zwanzigste Kapitel enthält die Auferstehungsgeschichte. Als Maria Magdalena zur Grabstätte kommt und sieht, daß der Stein vor dem Grab weggerollt ist, läuft sie zu Simon Petrus und berichtet ihm: „Sie haben den Herrn aus der Grabstätte genommen, und wir wissen nicht, wohin sie ihn gelegt haben." Petrus und einige Jünger eilen hin, um nachzusehen. Ein anderer Jünger, von dem nicht berichtet wird, wer es war, trifft zuerst ein, blickt hinein und findet die Leintücher gelegt. Als Petrus ankommt und ebenfalls die Grabstätte durchsucht, findet er das Leinen und das Schweißtuch, das um Jesus Haupt gewickelt war, zusammengefaltet und zur Seite gelegt. Sie sind sich einig, daß Jesus gegangen ist, wissen jedoch zu dieser Zeit noch nichts von der Auferstehung, wie sie in den Heiligen Schriften prophezeit war. (Johannes 20:8). Die Jünger folgern, daß Jesus gegangen ist, doch sie stellen keine weiteren Überlegungen an. Maria, die nicht mit den Jüngern weggeht, sondern am Grab zurückbleibt, schaut noch einmal in die Grabstätte und erblickt dort zwei Engel in weißen Kleidern, die sie fragen, warum sie weint. Als sie sich umdreht, sieht sie Jesus, erkennt ihn aber nicht, sondern vermutet, es sei der Gärtner. Erst als sie näher hinschaut, erkennt sie ihn. Jesus rät ihr, ihn nicht zu berühren, da er noch nicht aufgefahren sei und weist sie an, zu den Jüngern zu gehen und ihnen zu sagen, daß er auffahren werde. Sie befolgt „schnurstracks" seine Anweisung.

An diesem Abend, als sich die Jünger in einem Raum versammelt und die Türen verschlossen haben, steht Jesus plötzlich in ihrer Mitte und begrüßt sie mit den Worten: „Friede sei mit Euch". Dann zeigt er ihnen seine Hände und seine Seite, die noch immer die Zeichen der Nägel und des Speers tragen (trotz der damaligen Praxis, die Hände bei einer Kreuzigung zu einem T-förmigen Kreuz zu binden und nicht zu nageln.)

Acht Tage danach erscheint Jesus seinen Jüngern erneut in einem verschlossenen Raum. Später ist er mit ihnen am Meer bei Tiberias und ißt Fisch und Brot mit ihnen. Hier erklärt er den Jüngern auf ihre Fragen, daß Judas „bleiben“ wird (in seinem gegenwärtigen Bewußtseinszustand), bis „ich komme“ oder bis er (Judas) zum Christus-Bewußtseinszustand erwachen und frei sein werde. (21:22,23)

Es gibt viele verschiedene Darstellungen der Auferstehung. Im Matthäus-Evangelium, Kapitel 28, wird berichtet, daß Maria Magdalena und Maria zur Grabstätte kamen und „siehe, es geschah ein großes Erdbeben, und der Engel des Herrn kam vom Himmel herab, trat hinzu und wälzte den Stein von der Tür und setzte sich darauf.“ Die Frauen eilen zu den Jüngern, um über dieses dramatische Geschehen zu berichten und treffen Jesus auf der Straße. Als sich das Ereignis herumgesprochen hat, versammeln sich die Hohenpriester und beraten sich. Sie geben Kriegsknechten große Geldsummen und bestechen sie, zu sagen, daß die Jünger während der Nacht gekommen seien und den Leichnam fortgeschafft hätten, obwohl eine Wache an der Grabstätte postiert war.

Markus erzählt in Kapitel 16 die Geschichte wiederum anders. Maria Magdalena, Maria und Salome bringen Spezereien, um den Körper Jesu zu salben. Sie treffen einen jungen Mann in weißen Kleidern, der ihnen sagt, Jesus sei von den Toten auferstanden. Darauf gehen sie zu den Jüngern zurück und treffen Jesus unterwegs. Auch in diesem Evangelium erscheint Jesus seinen Jüngern.

Lukas (Kapitel 24:10) berichtet, daß Maria Magdalena, Johanna und Maria zuerst an der Grabstätte gewesen seien. Zwei Jünger, die auf dem Weg nach Emmaus waren, einem Ort in der Nähe von Jerusalem, trafen Jesus unterwegs, und er ging mit ihnen, doch sie erkannten ihn nicht, weil „ihre Augen gehalten wurden“, d.h. sie hatten keine intuitive Wahrnehmungsfähigkeit, ihn zu erkennen. Erst als sie den Fremden nötigten, mit ihnen zu essen und er „das Brot nahm, dankte und brach‘s“, erkannten sie ihn. Doch er verschwand. Die beiden Jünger gingen nach Jerusalem und erzählten den Daheimgebliebenen von ihrem Erlebnis. Da trat Jesus in den Raum und gebot seinen Jüngern, seinen Körper näher zu betrachten: „ Sehet meine

Hände und meine Füße und fühlet mich an, denn ein Geist hat nicht Fleisch und Bein, wie ihr sehet, daß ich habe.“ Dann aßen sie gebratenen Fisch und Honigseim. Danach „öffnete er ihr Verständnis“, damit sie die Schriften verstanden. Dann ging er mit ihnen nach Bethanien, segnete sie, schied von ihnen und fuhr auf gen Himmel.

In der Apostelgeschichte, von der viele Geschichtsschreiber annehmen, daß sie als Fortsetzung des Markus-Evangeliums geschrieben wurde, heißt es in Kapitel 1:11, daß zwei Männer bei den Jüngern standen und sie nach Christi Himmelfahrt fragten: „Warum stehet ihr und sehet gen Himmel? Der gleiche Jesus, der von euch weg in den Himmel aufgenommen wurde, wird wiederkommen, wie ihr ihn gesehen habt gen Himmel fahren.“ Im neunten Vers wird berichtet, daß die Sicht der Jünger durch eine Wolke verdeckt war.

Um den Evangelien gerecht zu werden, sollten wir die Apostelgeschichte und auch die Offenbarung lesen. So wie die Auferstehungsgeschichte dargestellt ist, scheint es offensichtlich, daß vieles nach Hörensagen zu einem späteren Zeitpunkt Stück für Stück niedergeschrieben wurde. So zum Beispiel, daß Jesu Tod ein Opfer für die Welt war. Diese Auffassung ist offenbar aus Mysterienkulten übernommen worden. Daß Jesus abgelehnt und verfolgt wurde, weil er eine unpopuläre Lehre verkündete, ist glaubhaft. Daß er aufgrund der übernommenen Verantwortung, anderen Menschen zu helfen und seine Jünger spirituell zu erheben, einige körperliche und emotionale Unruhe zeigte, ist verständlich. Außerdem, da er ein Meister, eine erleuchtete Seele war, konnte die Gegenwart Jesu auf Erden Finsternis und Verwirrung aus den Gemütern der Menschen vertreiben, was sicher geschah. Das ist der Sinn eines Avatars – einige Zeit in der Welt zu verbringen, um die Menschen zu erheben, als Teil des universellen Plans der letztendlichen Erlösung oder Befreiung aller Seelen.

Einige Evangelien berichten, daß Jesus die Fähigkeit hatte, feste Materie zu durchdringen: durch Wände zu gehen und in einem Raum mit verschlossenen Türen zu erscheinen. Andere sahen, daß er sich in einem physischen Körper manifestierte und Essen zu sich nahm.

Nicht einmal zwei Evangelien stimmen darin überein, was am Tag der Auferstehung an der Grabstätte geschah. Nicht zwei Evangelien stimmen darin überein, wie Jesus erschien, wem und in welcher Folge.

Nochmals zurück zur Gerichtsverhandlung oder zu dem, was einer solchen gleichkam, und zum Urteilsspruch der Kreuzigung. Wie man sieht, wurde großes Gewicht darauf gelegt, daß die Juden dafür verantwortlich waren, und ebenso für den Bericht, daß die Wachen bestochen waren, so daß der Körper von Jesus aus der Grabstätte weggetragen werden konnte. Offensichtlich waren die ersten Schreiber den Juden nicht gewogen und wollten, daß sie in einem schlechten Licht erscheinen. Die Schreiber empfanden, daß die Juden Jesus zurückgewiesen hatten, obwohl er kam, um sie zu erlösen. Obwohl Jesus sagte: „Mein Reich ist nicht von dieser Welt“ wird berichtet, daß die Jünger erwarteten, daß er zurückkehren und als weltlicher König regieren würde. Aus dieser versprochenen Wiederkehr Jesu wurde von den Predigern und Schreibern durch die Jahrtausende viel gemacht. Es verging kaum eine Generation, ohne daß jemand in dem, was auf der Welt geschah, nach einem Beweis des „Untergangs“ Ausschau hielt und kühn behauptete: „Dies ist die Stunde der Wiederkehr“. Buchstabengläubige Christen warten ewig auf Jesu Wiederkehr, auf daß er sie von einer Welt errette, deren sie überdrüssig sind und die sie nicht verstehen. Sie erkennen nicht, daß das einzige, was den Menschen erlösen kann, sein spirituelles Erwachen und die Erkenntnis ist, daß Christus in ihm ist, so wie Jesus das erkannt und verwirklicht hat. Nur wenn „das Bewußtsein, das in Jesus war“ im Menschen erwacht, wird der Mensch von den Leiden der Welt und den Konflikten in ihm erlöst.

Die Evangelien wurden erst nach einigen Jahren geschrieben, als klar wurde, daß Jesus nicht in seinem physischen Körper wiederkehren würde. Deshalb war eine Änderung der Philosophie zulässig. Wir verdanken Paulus ein dynamisches Herangehen an das Problem, denn er hatte die Vision eines „Christus-Bewußtseins, das nicht an einen Körper gebunden ist“, und predigte entsprechend. Er hatte Jesus nicht persönlich gekannt und predigte aufgrund von Inspiration ein universales Christus-Bewußtsein. Seine Predigt war nicht auf die Juden begrenzt, da er auch in andere Länder zu Nichtjuden ging, und um sich den Bedürfnissen der Menschen anzupassen, änderte er seine Darstellung.

In der Lehre des Paulus finden wir die Auffassung, daß Jesus umgewandelt und universalisiert sei. Viele Gelehrte sehen in Paulus den ersten Christen. Reinhold Niebuhr schreibt: „Die Geschichte zeigt es deutlich, daß das Christentum nicht die Religion Jesu war." Albert Schweizer und andere waren nach intensivem Studium überzeugt, daß sowohl viele Reden in der Apostelgeschichte als auch Gebete von Jesus vor seiner Hinrichtung auf der Annahme basieren, Jesus müsse so gesprochen haben. Wir wissen, daß im Lauf der Jahrtausende die Heilige Schrift durch Überarbeitungen und Neuübersetzungen verändert wurde. Deshalb kann eine buchstäbliche Auslegung nicht akzeptiert werden, und wir müssen zwischen den Zeilen die Absicht der Evangelienschreiber erfassen.

Wir können uns nicht auf Berichte verlassen, die nicht übereinstimmen. Welche Offenbarung sollen wir akzeptieren, wenn wir uns auf eine solche stützen wollen?

Die Auferstehungsgeschichte gibt Millionen Menschen Hoffnung, doch sie basiert auf frühzeitlichen Frühlingsfesten, mit denen die Erneuerung der Natur gefeiert wurde. Die Lehre, daß Jesus für die Sünden der Welt starb, bedeutet einen Rückfall in den Glauben an den Wert von Blutopfern, und kein vernünftiger Mensch kann dies akzeptieren.

Der Mensch erwacht immer wieder zu neuen Ebenen bewußten Verstehens. Millionen Christen sehen in Jesus ihren Retter. Wenn ihr Glaube sie befähigt, über dieses Ideal Kontakt mit dem Unendlichen aufzunehmen, und sie dadurch weitergeführt werden, ist das sehr hilfreich. Wenn sie danach streben, gemäß den Jesus zugeschriebenen Geboten zu leben und sie aus der Finsternis zum Licht der Wahrheit finden, ist auch das gut. Doch es stehen keine neuen Offenbarungen in den Evangelien.

Die in ihnen dargestellten Lehren und Empfehlungen und die allgemeine Philosophie kann man in allen Heiligen Schriften der Welt finden. Jede Schrift, die über eine lange Zeit die Bedürfnisse der Menschen erfüllt, enthält eine wichtige Botschaft, vermischt mit Mythen und traditionellen Geschichten. Dies trifft auch für die Evangelien zu. Niemand kann bestreiten, daß es eine unpersönliche, universale Intelligenz gibt, die die Schöpfung durchdringt und sie lenkt. Wo befindet sich Jesus jetzt? Das bekannte Bild von Jesus, heute fest im Unterbewußtsein von Millionen Menschen verankert, wurde weitgehend durch die Propaganda der verschiedenen Kirchen geschaffen. Was ist aber mit der Seele, die vor ungefähr zweitausend Jahren inkarniert war und die auf die uns bekannte Weise gewirkt hat? Hat Jesus sich seit Verlassen der Erde neu inkarniert? Oder blieb er im Gottbewußtsein verankert? Die Jünger dachten, Jesus würde kurz nachdem er sie verlassen hatte, wieder auf die Erde zurückkommen, was jedoch nicht geschah. Einige Schreiber behaupten, daß Jesus nicht gen Himmel aufgefahren sei, sondern lediglich das Land verließ, in anderen Ländern seine Mission fortsetzte und ein hohes Alter erreichte. Diese Behauptungen sind historisch nicht fundiert. Das trifft auch auf viele Spekulationen anderer Schreiber zu, was die Jahre seiner Jugend betrifft, die in den Evangelien nicht erwähnt werden.

Es scheint mit realistischer und den Worten Jesu angemessener, zu glauben, daß das eigene erwachte Bewußtsein der Erlöser der Menschen ist. Wenn der Mensch hinreichend erwacht, erkennt er, daß auch er ein Gott-Mensch ist, erlöst von Leid, das auf Unwissenheit beruht. Von diesem Augenblick an sind seine Augen geöffnet, und er kann die Heiligen Schriften verstehen und mächtige Werke vollbringen, wenn er dazu berufen ist.

Die Schwierigkeit, im zwanzigsten Jahrhundert die Evangelien zu erforschen

Selbst heute, in unserer aufgeklärten Zeit, ist es nicht leicht, zu erkennen, warum und wie die Evangelien veröffentlicht wurden. Es ist nicht immer populär, die Tatsachen, so wie sie sind, den Menschen aufzuzeigen, die an geschätzten Theorien und Meinungen festhalten. Der Laie weiß im allgemeinen wenig oder nichts über den Ursprung der Schriften und scheint sich wenig dafür zu interessieren. Einige Christen betrachten die Bibel, so wie sie ist, als das absolute Wort Gottes. Andere fühlen sich berechtigt, die Bibel zu erforschen und eigene Interpretationen zu finden. Dann gibt es solche, die sie völlig ablehnen. Menschen, die sich ihrer Argumente nicht sicher sind, werden in der Verteidigung ihrer Ansichten oft emotionell. Für einen wahren Gläubigen grenzt schon jeder Versuch, sich kritisch mit der Bibel auseinanderzusetzen, an Ketzerei.

Wir wollen deshalb an dieses Thema mit der Einstellung herangehen, daß unsere Verpflichtung zur Wahrheit die heiligste Pflicht ist, und daß nichts, was die Wahrheit unterdrückt, wahrhaft religiös oder gut sein kann.

In diesem Kapitel weise ich auf einige bekannte Quellen hin, die der Leser ausführlich erforschen mag. Das Neue Testament wurde seit seiner Entstehung immer wieder überarbeitet. „Neue" und „revidierte" Ausgaben der Bibel überschwemmen die Buchläden. Viele dieser Arbeiten wurden unternommen, um zu versuchen, die Evangelien mit den historischen Begebenheiten in Übereinstimmung zu bringen, die Bibel lesbarer und verständlicher für ernsthafte Christen zu machen. Wenn dieser Zweck erreicht wird, so entsteht kein Schaden. Wie auch immer, eine rein objektive und intellektuelle Einstellung gegenüber der Heiligen Schrift wird nicht enthüllen, was aufgrund mystischer Visionen der ersten Schreiber mit den Hauptpersonen in sie eingeflossen ist. Nur ein Mensch mit intuitiver Wahrnehmung kann das Geheimnis der Offenbarungen enthüllen, die ursprünglich ebenfalls intuitiv wahrgenommen wurden. Wissenschaftliche Genauigkeit kann uns jedoch helfen, Textfälschungen und Fantastereien, die sich in die Evangelien eingeschlichen haben, auf die Spur zu kommen.

Das Neue Testament ist eine Auswahl von Material, das umfassender Literatur entnommen und nach und nach mit Genehmigung der kirchlichen Obrigkeiten darin aufgenommen wurde. Lange nach der Zeit Jesu wurde das Alte Testament fast ausschließlich dazu benutzt, in Erfüllung gegangene Prophezeihungen zu beweisen, und das Neue Testament wurde als zweitrangig angesehen. Die vier Evangelien wurden nicht zur gleichen Zeit geschrieben; sie stellen lediglich einen Teil ähnlicher Schriften dar, auf die sich die ersten Kirchen stützten. Offenbar sind die Evangelien eine Synthese von Meinungen und Standpunkten. Sie stimmen nicht in allem überein, doch weitgehend genug, um sagen zu können, daß bei späteren Evangelien auf frühere als Quelle zurückgegriffen wurde.

Die Evangelien waren keine historischen Berichte, sondern Lehrbücher, die ein Bedürfnis der Gäubigen erfüllen sollten. Sie dienten dem Zweck, die Leser (oder die Gemeindemitglieder) durch ein Lehrbuch zu schulen, das stets erprobte Antworten auf viele Glaubensfragen gibt. Die Apostelgeschichte, die eine Erweiterung der Evangelien darstellt, ist ein besonders guter Beweis dafür.

Ein Beispiel für die Vorgehensweise ist, daß der Bericht von Herodes, der die Knaben seines Landes umbringen ließ, einen Vorwand für die Evangelisten darstellt, Maria und Joseph nach Ägypten fliehen zu lassen, damit sich die Prophezeihungen des Alten Testaments erfüllten. Und obwohl die Jungfräulichkeit Marias sehr betont wird, ist Jesus Geburt dennoch auf den Vater, Josef, zurückzuführen, und die Evangelien stimmen noch nicht einmal in diesem Punkt überein. Wenn Maria keine Jungfrau war, verdirbt dies einigen das Konzept der reinen Geburt Jesu. Doch die Vorstellung, daß Geschlechtsverkehr unrein sei, gehört in das dunkle Zeitalter. Die Lehre von der jungfräulichen Geburt erhöht die göttliche Größe Jesu und macht ihn gottgleich. Andererseits, wenn Jesus ein Gott war, der auf völlig andere Weise als gewöhnlich Sterbliche geboren wurde, dann wären seine Worte: „Folgt mir nach“ ein übler Scherz und Hohn. Wie kann ein Sterblicher es einem Gott gleichtun? Jenen, die Jesus als einen Gott brauchen, hilft das Konzept der jungfräulichen Geburt, sich ihre Illusionen zu erhalten. Für jene, die glauben, daß sie eines Tages die gleiche Ebene des Bewußtseins erlangen werden, wie der Jesus der Evangelien, ist die Vorstellung einer natürlichen Geburt bezüglich ihrer eigenen Ziele und Erkenntnisse ein größerer Ansporn.

Der tiefere Sinn der Lehre, den wir im Neuen Testament erkennen, ist derselbe wie in anderen Heiligen Schriften des Ostens, die dem Neuen Testament mehrere Jahrhunderte vorausgegangen sind. Hier wie dort ist der Hauptgedanke, daß der Mensch ein göttliches Wesen ist, daß die Umkehr – das Lenken der Aufmerksamkeit auf den Ursprung – für die Erleuchtung notwendig ist, ebenso wie für die spirituelle Erweckung, „die zweite Geburt“, um die höchste Wahrheit zu begreifen: Der Weg zur Freiheit durch das Christus-Bewußtsein zum Gott-Bewußtsein.

Einige religiöse Menschen, hauptsächlich Unitarier, lehnen die dreieinige Natur Gottes als unbegreiflich und unsinnig ab. Diese Erklärung ist jedoch einfach, wenn sie richtig verstanden wird. Einfach erklärt, ist die Dreieinigkeit das Bewußtsein (Gott, der Vater), die universale Intelligenz (Gott, der Sohn), und die aktive Kraft der Natur (Gott, der Heilige Geist). Wenn wir verstehen, daß das unendliche Leben umgewandelt werden muß, um seinen Zweck zu erfüllen, können wir leicht die Bedeutung der Dreieinigkeit erfassen. Diese Erklärung widerspricht nicht unserem gesunden Menschenverstand oder unserer intuitiven Einsicht.

Wenn das Neue Testament richtig verstanden wird, kann es als das angenommen werden, wofür es von Anfang an sein sollte: Eine Anleitung, die uns den Weg zum ewigen Leben zeigt.

Die Christenheit
und die Mysterienreligionen

Die Christenheit ist den Mysterienreligionen zu tiefem Dank verpflichtet; dessen ist sich nicht einer von einer Million Christen bewußt. Die Ideen der Geheimhaltung, der heiligen Gnade, der drei Stadien spirituellen Lebens (Läuterung, Erleuchtung, direkte Schau der Wirklichkeit) sowie die Riten wurden von mystischen Kulten früherer Zeiten übernommen. Die heutige Christenwelt, wie wir sie kennen, besteht erst seit dem vierten Jahrhundert. Zu jener Zeit erkannten die Kirchenväter, daß sich die Christenheit nicht mit den damals bestehenden Gruppen messen konnte: dem Stoizismus und dem Mitras-Kult, die Gott als Gemüt und als Seele des Kosmos betrachteten; der Hermetischen Philisophie, die den Menschen aufforderte, sein irdisches Wesen durch das Wissen um Gott zu beherrschen, um sein höheres oder göttliches Wesen freizusetzen.

Dem Mitras-Kult entstammen viele der heutigen christlichen Ideale. Es ist kein Zufall, daß die Christen den 25. Dezember als den Geburtstag Jesu feiern (obwohl er früher im Jahr geboren sein soll), weil dieser Tag der Tag des Sonnengottes Mitras ist, nach dem wir immmer noch den Sonntag benennen, den ersten Tag der Woche. Die Bluttaufe ist offenbar aus den vorchristlichen Mysterienkulten hergeleitet. Die Eingeweihten des Attis-Kults und seiner Varianten standen unter einem Gitter, während über ihnen ein Tier, gewöhnlich ein Bulle, getötet wurde, so daß das Blut über ihren Körper rann, um sie zu reinigen.

Die Bezeichnung „Herr“ für Jesus wurde den Evangelien hinzugefügt und ist anscheinend dem Einfluß der Geheimkulte zuzuschreiben, die diese Bezeichnung gebrauchten, um „göttliche Erlöser“ anzukünden, die sie retten würden. Im Hebräischen würde dieser Name Gott bedeuten und wäre zur Zeit Jesu nicht so gebraucht worden, wie es in den Evangelien dargestellt ist. Durch seine Aufnahme in die Schriften war es den Verfassern möglich, in den Augen der restlichen

Welt ihren Jesus den göttlichen Erlösern gleichzustellen. Auch der Begriff der göttlichen Mutter, als die man Maria betrachtete, war Jahrhunderte vor der christlichen Ära im Isis-Kult und anderen Mythen und Symbolen hochentwickelt. Der Gott Attis wurde an einen Baum genagelt, um die Gläubigen zu erlösen, und es ist mehr als eine zufällige Übereinstimmung, daß Paulus Jesus, den Sohn Gottes, in seiner Darstellung als einen Erlöser für viele an einen Baum genagelt hat. Wir beginnen, die Zusammensetzung der Lehre zu erkennen, und es ist zweifelhaft, ob wir je Tatsachen von Erfindungen werden trennen können.

Paulus kannte Jesus nicht persönlich, doch da die Christenheit ihn sehr verehrt, wurde seine Vision des universalen Christus mit den damals bestehenden Mysterienreligionen und ihren Symbolen verflochten, und so begann die große Vermischung. Die frühe Christenheit war das Ergebnis der inneren Schlußfolgerungen von Paulus; sie entsprach nicht einem Plan Jesu. Aus allen Evangelien geht hervor, daß Jesus von seinen Jüngern nicht verstanden wurde. Zu jener Zeit erkannten sie ihn nicht als Gott oder als selbstverwirklichte Seele. Sie konnten sein spirituelles Bewußtsein nicht erfassen, und wenn wir diese Geschichte, so wie sie überliefert ist, glauben wollen, hatten sie nicht einmal den Mut, ihm in seiner Not beizustehen. Als Jesus davon sprach, zu seinen Jüngern zurückzukommen, spielte er auf das zeitlose Band einer wahren Guru-Schüler-Beziehung an. Doch diese Idee der Wiederkehr wird als etwas dargestellt, was Jesus und die ganze Welt betrifft. Es ist klar, daß der beste Weg, ein durchführbares und wertvolles System der Philosophie zu schaffen, darin besteht, den Glauben an die schließliche Wiederkehr Jesu aufrechtzuerhalten, der zurückkehren wird, um über ein spirituelles Reich zu herrschen. Diese immer gegenwärtige Möglichkeit hält Jesus lebendig und macht ihn zu allen Zeiten zum Mittelpunkt der Diskussion.

Wenn wir der Kreuzigungsgeschichte glauben (und viele Gelehrte glauben nicht an sie), dann ist die Annahme begründet, daß Jesus, weil er dafür geeignet war, für das bereits vorgesehene Menschenopfer bestimmt wurde, und daß sein Tod nicht allein ein Vergeltungsakt der kirchlichen Autorität war. Die Mysteriengruppen hatten viele rituelle Schauspiele, die immer zu bestimmten Jahreszeiten aufgeführt wurden. Eines davon war das Attis-Spiel am Tag des Blutes (dem späteren Karfreitag). An diesem Tag wurde Attis an einen Baum gebunden und verblutete. Am Tagesende wurde er in der Erde vergraben – oder in Rom in eine Grabstätte gebracht. Nach den Trauertagen wurde bekanntgegeben, daß Attis vom Tod auferstanden sei. Dem folgte eine orgiastische Feier. Dieses Ritual war schon lange vor der Geburt der Christenheit bekannt, und seine Ähnlichkeit mit der Geschichte des Todes und der Auferstehung Jesu ist offensichtlich.

Das Brot- und Weinsakrament geht auf Urzeiten zurück. Ursprünglich wurde der „Korn-Geist" von einem Menschen verkörpert, der rituell getötet und gegessen wurde. Später wurde ein Tier an seine Stelle gesetzt. Das Tier wurde geschmückt, so daß es Gott repräsentierte, dann rissen es Gläubige in einem ekstatischen Zustand in Stücke, verschlangen sein Fleisch und tranken sein Blut. Man glaubte, daß Gott auf diese Weise mit dem Anbeter eins werde.

Es war ein ägyptischer Brauch, Korn (Weizen oder Gerste) in den Leichnam des Opfers, das Gott repräsentierte, einzustreuen, und wenn das Korn keimte und wuchs und geerntet wurde, buk man davon Brot und aß es. Dieses Brot zu essen, bedeutete, Gott in sich aufzunehmen. Der Zusammenhang mit den sakramentalen Ritualen, wie sie in modernen Kirchen üblich sind, ist offensichtlich. Wir können dies nicht mit der Bemerkung abtun, daß diese Symbole „jetzt christliche seien", so wenig wie wir sagen können, daß die christliche Moral die gleiche wie die Moral der Mysterienkulte war. Über Jahrhunderte hat eine Synthese stattgefunden, was immer der Fall war, wenn sich eine neue Denkweise entwickelte.

Paulus kannte das einfache Ritual des Abendmahls, zu dem sich Jesus mit seinen Jüngern kurz vor dem Ende seiner irdischen Mission versammelte. Nehmen wir an, daß Jesus durch die Mysterienreligionen beeinflußt war, was jedoch unwahrscheinlich ist, so mußte Jesus lediglich die bei den Orientalen übliche Sitte befolgt haben, vor dem

Heimgang eines Menschen eine Mahlzeit einzunehmen, um das Ereignis als ein spirituelles zu bezeichnen. Es wäre ganz natürlich gewesen, daß Jesus seine Jünger zu diesem letzten Mahl um sich versammelte, um sie zu unterweisen und zu segnen. Paulus, der wußte, daß dieses letzte Mahl zwar beobachtet wurde, und daß diese Geschichte von den bekehrten Heiden nicht ohne weiteres akzeptiert werden würde, könnte dadurch beeinflußt gewesen sein, eine für seine Gefolgschaft akzeptable Erklärung zu geben. So wurde ihm „vom Herrn eingegeben", ein neues Sakrament einzuführen.

Auch heutige Religionslehrer meinen oft, sie hätten wie Paulus neue Einsichten und bemühen sich, ihre Philosophien so auszulegen, daß sie zu den Lehren Jesu passen. Alle religiösen Lehren machen in bezug auf ihre Rituale eine allmähliche Umwandlung durch, wenn neues Verstehen an die Stelle alter Konzepte tritt. Ich nehme an, daß in zwei oder drei Jahrhunderten die Version des Christentums – wenn überhaupt noch vorhanden – nicht mehr den heutigen Ansichten ähneln wird als die heutige Lehre den Mysterienkulten der Vergangenheit.

Paulus schrieb seine Vorstellung von Christus für seine Zeit nieder, abgestimmt auf die Bedürfnisse von Menschen, die in einem dunklen Zeitalter lebten. Da vieles von dem, was Paulus in seinen Briefen schrieb, grundlegend war, hat es auch heute noch Gültigkeit. Doch es wurde auch vieles geschrieben, was nicht mehr den veränderten Traditionen und Sitten entspricht.

Paulus berichtet in der Auferstehungsgeschichte über den göttlichen oder feinstofflichen Lichtkörper, meinte jedoch nicht eine Auferstehung des physischen Körpers. Der Mensch aufersteht jedesmal, wenn er die Barrieren des Bewußtseins in seinem Innern durchbricht. Die Idee einer Auferstehung des physischen Körpers ist angesichts der Reinkarnation und der Tatsache, daß der Körper bald nach dem Austritt der Seele verfällt, unhaltbar.

Das Christentum konnte sich aufgrund seiner universalen Philosophie und aufgrund der Tatsache durchsetzen, daß es in schon bestehende Systeme paßte. In dem Teil der Welt, in dem es zuerst Einfluß nahm, bewirkte es eine Umwandlung der religiösen Systeme. Dies geschah, als die Zivilisation ihren tiefsten Stand im dunklen Zeitalter erreichte (499 nach Christus) und ein Aufwärtstrend einsetzte. Das „Alte" macht in der Ordnung der Dinge immer Platz für das „Neue", doch der Übergang ist nie scharf umrissen. Sogar in den erhabensten Momenten werden wir im Widerspruch zur Paulinischen Lehre der Liebe daran erinnert, daß der Glaube an Vergeltung für Böses und an Strafe für eigensinnige Ungläubige weiter besteht. Diese Einstellung fand die Zustimmung der Minderprivilegierten und Unterdrückten, weil ihnen die Annahme innere Befriedigung verlieh, daß sie, wenn sie trotz ihrer Not in dieser Welt den Glauben beibehalten, einst ihren Lohn erhalten werden, während die Bösen, Ungläuigen und Zweifler endlos leiden müssen.

Historiker sind sich weder bezüglich der Zeit noch der Ereignisse der Mission Jesu einig. In den Schriftrollen vom Toten Meer, die sich nicht als so hilfreich erwiesen, wie man annahm, gibt es viele Hinweise auf den „Lehrer der Gerechtigkeit". Es ist bekannt, daß es zur Zeit Jesu viele Lehrer und Heiler gab, die durch das Land wanderten. Im Neuen Testament wird berichtet, daß die Jünger Jesus über einen solchen Heiler befragten, und daß Jesu sie unterwies: „Wer nicht gegen uns ist, ist für uns". Einige Gelehrte sind der Meinung, daß der Jesus des Evangeliums die Zusammenfassung von Geschichten um viele wandernde Lehrer und Heiler ist.

Ob Jesus tatsächlich Wasser in Wein verwandelte, Brote und Fische in wunderbarer Weise vermehrte und über das Wasser ging, ist für uns bei der Suche nach der Wahrheit über den Weg zur Selbstverwirklichung nicht besonders wichtig. George Lamsa meint in einem seiner Kommentare, daß die Aussage, Jesus sei über das Wasser gewandelt, in Wirklichkeit bedeute, er sei „neben dem Wasser gewandelt". Für uns ist nicht eine Erklärung der Ereignisse aus dem täglichen Leben Jesu wichtig, sondern, ob seine Lehre die Kraft hat, uns zu verwandeln und uns bei unserem Streben nach Selbsterkenntnis zu unterstützen.

Jesus folgte den Verhaltensweisen anderer Meister-Lehrer vor ihm. Er erwachte früh im Leben zu einer Ahnung über seine wahre Bestimmung. Er rief seine Jünger auf und schulte sie, seinem Beispiel zu folgen. Er formulierte die ewigen Wahrheiten für die Menschen seiner Zeit. Er erklärte sein Gott-Gewahrsein. Und nachdem er sein Werk erfüllt hatte, verließ er die Welt der Sterblichkeit.

Wenn Jesus tatsächlich so wie in den Evangelien geschildert, gekreuzigt wurde, dann entweder, weil er bewußt diese Rolle angenommen hat, oder weil er sich in seinem Eifer, die Menschen zu belehren, übernahm. Es steht fest, daß eine Seele, die die Wahrheit über sich selbst und das Wesen Gottes erfahren hat, als Körper nicht wirklich leiden kann. Es ist anzunehmen, daß dieser Teil der Evangelien einfach das Werk eines späteren Gelehrten ist, der den Text den Ideen anpassen wollte, die zu dieser Zeit unter den Anhängern der verschiedenen Mysterien herrschten.

Wenn Jesus gekreuzigt wurde, so wäre es für ihn, der sich auf die Kunst der Meditation verstand, einfach gewesen, aus dem Körper auszutreten und in den Augen der Durchschnittsmenschen *tot* zu erscheinen. Später, nachdem er in die Grabstätte gelegt worden war, hätte er ins normale Bewußtsein zurückkehren und sich in Sicherheit bringen können. Gemäß der Heiligen Schrift wurde er schließlich nach seiner Grablegung gesehen. Er verbrachte sogar mehrere Wochen damit, seine Jünger im Stillen zu unterrichten (Apostelgeschichte 1:3).

Mich überzeugen keine Bücher, die die Evangelien lediglich psychologisch erklären. Ich stimme auch nicht mit der herrschenden Tendenz in metaphysischen Kreisen überein, Phantasiegeschichten zu erfinden, die weder eine historische Grundlage haben noch im Licht intuitiver Einsicht verfaßt wurden. Solche Arbeiten dienen lediglich dazu, den Gegenstand der Frage zu vernebeln und echte Suchende zu verwirren.

Wir sind heute wie je dazu aufgerufen, das Wirrwarr widersprüchlicher Fantastereien und Zeugnisse zu durchschauen und zu erkennen, was wahr und sinnvoll ist. Dies ist letzten Endes das einzige, was das Sehnen der Seele stillen wird.

Worterklärungen

von Dr. phil. habil. Hans Endres

Die „Babylonische Sprachverwirrung“ ist kein einmaliges geschichtliches bzw. mythisches Ereignis, sondern das ständige unvermeidliche Schicksal aller sprachlichen Verständigungsversuche. Jede begriffliche Formulierung ist mißverständlich, weil Menschen zwar die gleichen Worte benützen, darunter aber etwas ganz anderes, ja oft sogar Gegensätzliches verstehen können gemäß ihrer verschiedenartigen Lebenserfahrung und Bewußtseinsentwicklung. Nur Kinder und Liebende, Meditierende und Erleuchtete können sich unmittelbar ohne Worte verstehen. Solange wir aber miteinander sprechen müssen, ist daher immer zuerst abzuklären, was wir mit den gebrauchten Ausdrücken jeweils wirklich meinen. Wenn wir gar in einem Buch lesen, also nicht einmal direkt beim Autor rückfragen können, ist eine solche Erläuterung der wichtigsten bzw. am häufigsten mißverstandenen Wörter um so notwendiger, – und das erst recht bei einer Übersetzung, die ohnehin unzulänglich bleiben muß, weil es in jeder Sprache Ausdrücke und Redewendungen gibt, die nur dieser Sprache eigentümlich sind und daher nur annähernd sinngemäß übersetzt werden können.

Die nachfolgenden Worterklärungen erheben keinerlei Anspruch auf Vollständigkeit oder Allgemeingültigkeit, sondern sollen nur nochmals verdeutlichen, welche Bedeutung der Autor den genannten Ausdrücken gibt. (Diese werden in alphabetischer Reihenfolge besprochen)

Analyse, analytisch: Die Methode, durch Aufspaltung bzw. Auflösung einer Ganzheit in immer zahlreichere und kleinere Einzelteile Aufschluß über ihre Zusammensetzung zu bekommen. Diese Methode hat sich aber schon in der modernen Naturwissenschaft als unzureichend erwiesen, denn wir wissen heute, daß es überhaupt keine „Zusammensetzung“ von „Teilchen“ geben kann, weil wir es in Wirklichkeit nur mit Energie und Schwingung zu tun haben. Im Bereich des Lebendigen oder gar Philosophischen ist diese Methode von vornherein unbrauchbar. (Siehe Intellekt)

Avatar: (Buddhistisch „Boddisattwa“, christlich „Heiland“ – Heilsbringer, Erlöser) ist ein Vollendeter, in Gott Eingegangener, der sich freiwillig verkörpert, um als „Übermittler reinen Bewußtseins“ den Menschen beizustehen.

Bewußtsein: Alles ist Bewußtsein, d. h. bewußtes Sein in verschiedensten Bewußtseinsgraden – vom absoluten, für uns unfaßbaren höchsten Bewußtsein und dem universellen, allumfassenden göttlichen Bewußtsein über das kosmische, astrale, planetarische und humane Menschheitsbewußtsein bis zum individuellen Persönlichkeitsbewußtsein des einzelnen Menschen und weiter zum tierischen, planzlichen und mineralischen Bewußtsein bis hinab zum molekularen und elementaren Bewußtsein (von Leibniz „Monade“ genannt). Demnach ist alles, was in Erscheinung tritt, Bewußtsein in fortschreitender Offenbarung, so daß es sich bei geistiger Entwicklung eigentlich nicht um Bewußtseinserweiterung oder Bewußtseinssteigerung handelt, sondern um immer klareres Gewahrwerden der Tatsache, daß „Höchstes Bewußtsein mein Wesen ist“. Und je ungetrübter das gesamte Wollen, Denken, Fühlen und Wirken dieses Wesen widerspiegelt, desto vollkommener ist dessen irdische Erscheinungsform.

Disziplin: Kann verschiedene Bedeutung haben, und zwar: „Zucht, Beherrschung, Zügelung“ oder „Lehrfach, Anwendungsbereich, Teilgebiet“.

Ego: Das persönliche „Schein-Ich“, das unser wahres Selbst verdeckt und so die Täuschung des Getrenntseins, des „Sonderscheins“ (Ekkehard) verursacht.

Einweihung: „Wird immer dann erfahren, wenn wir zu einem größeren Verständnis des Lebens erwachen“ (so sagt man ja auch im gewöhnlichen Sprachgebrauch: Man wird in eine Kunst oder in ein Geheimnis eingeweiht). Es gibt infolgedessen fortschreitende Stufen der Einweihung, bis das letzte Geheimnis offenbart wurde: „Ich bin ein individualisierter Teil Gottes – ein verkörperter Gottesfunken“.

emotional: Gleichbedeutend mit affektiv oder irrational, d. h. gefühlsmäßig bzw. erlebnishaft.

Erscheinungswelt: Die konkrete Schöpfung, die materialisierte Form der Weltseele (siehe Bewußtsein, Geist, Seele, Manifestation).

Erweckung: Gleichbedeutend mit Erleuchtung oder Befreiung (weil wir aus dem bewußtseinsverdunkelnden „Lebenstraum“ zum „Licht der Erkenntnis“ erwacht sind und dadurch von begrenzenden Irrtümern und Bindungen befreit wurden). Ist das Ziel der menschlichen Entwicklung, gewissermaßen die „geistige Geburt“, durch die die mit der körperlichen Geburt eingeleitete Menschwerdung im Bewußtsein vollendet wird.

Essenz: Wörtliche Bedeutung „das Seiende, das Wesen“, also der eigentliche Gehalt und die wahre Wirklichkeit einer Substanz oder Idee.

Evolution: Wörtliche Bedeutung „Auswicklung“. Der als fortschreitende Entwicklung in Erscheinung tretende Schöpfungsablauf.

Existenz: Das Bestehende, in irgendeiner Form Erscheinende und Erkennbare.

Frequenz: Die Häufigkeit z. B. die Schwingungszahl, bzw. der rhythmische Ablauf irgendeiner Schwingung.

Frustration, frustriert: Gemüts-Verkümmerung aufgrund von Enttäuschung und Zurücksetzung, Freudlosigkeit und Unbefriedigtheit, Einengung und fehlender Entfaltungsmöglichkeit, also insgesamt durch eine menschenunwürdige Existenz. Eine solche kann gerade auch ein Leben in äußerem Luxus und Überfluß ohne inneren Sinn bedeuten, so daß heute mehr denn je das Paulus-Wort gilt: „Was nützete es dem Menschen, wenn er die ganze Welt gewänne und doch Schaden nähme an seiner Seele."

Geist, geistig: Ist keinesfalls in dem bei uns üblichen Sinne von intellektuell, verstandesmäßig, gedanklich (Geisteswissenschaften, geistige Anstrengung, usw.) zu verstehen, sondern bedeutet „Die eine Gegenwart, eine Macht und eine Substanz in diesem und als dieses manifestierte Universum" ebenso wie das wahre Selbst, denn „Ich bin ein Leben-schenkender Geist".

Gemüt: (Englisch „mind" – also nicht mit „Geist" zu übersetzen) ist im Seelen-Organismus jener zentrale Zwischenbereich zwischen dem Überbewußten und Unbewußten, in dem sich die gesamte mental-emotionale Bewußtseinstätigkeit abspielt, d. h. sowohl die bewußten Gedankenformen als auch die unterbewußten Vorstellungsbilder entstehen. Zwar muß man Denken und Fühlen theoretisch unterscheiden, doch vollzieht sich im praktischen Leben bzw. Erleben beides immer gleichzeitig, so daß es sich eigentlich um „Denkendes Fühlen" oder „Fühlendes Denken" mit jeweils verlagertem Schwerpunkt handelt. Das menschliche Gemüt ist ein Teil des kosmischen Gemüts (siehe Seele). Es verhält sich zum kosmischen oder göttlichen Gemüt wie eine Welle zum Ozean.

Gewahrsein: (Englisch „awareness") ist der durch die Erweckung erlangte Dauerzustand eines Menschen, für den die geistige Wirklichkeit nicht mehr nur einen durch andere vermittelten theoretischen

Glaubensinhalt bedeutet, sondern zur eigenen praktischen Erfahrung und selbsterlebten Gewißheit geworden ist.

Imagination, imaginativ: Die bildhafte Vorstellungskraft, durch die Gedachtes erst mit seelischer Energie erfüllt und so in allen Bewußtseinsbereichen wirksam werden kann (das „innere Bild").

Individuum, individuell: Wörtliche Bedeutung „das Unteilbare", d. h. die einmalige und einzigartige, unwiederholbare Eigenart in jeder einzelnen Erscheinungsform der göttlichen Substanz.

Initiative: Innerer Beweggrund oder auslösende Kraft, die sofortiges Handeln bewirkt („Willens-Zündung").

Inkarnation: Verkörperung (Reinkarnation = Wiederverkörperung) der Seele in einem lebendigen Organismus.

Inspiritation, inspirativ: Einer geistigen Offenbarung entspringende und das Denken mit höherem Bewußtsein erfüllende Eingebung (das „innere Wort").

Intellekt, intellektuell: Das sehr begrenzte begriffliche Denkvermögen, das wie ein Computer nur Eingegebenes zu verarbeiten vermag. Der Intellekt kann also Kenntnisse sammeln, nicht aber wesenhafte Erkenntnis gewinnen. Er kann Einzelheiten zusammentragen und ordnen (siehe Analyse), nicht aber zu übergeordneter Gesamtschau und wesentlicher Einsicht führen (siehe Synthese). „Hast Du die Teile in der Hand, fehlt leider nur das geistige Band" (Goethe).

Intelligenz: Die Gesamtleistung des menschlichen Denkvermögens, in dem unterbewußte, bewußte und überbewußte Komponenten enthalten sind, so daß sich Intelligenz von der einfachsten tierischen Instinktverwertung bis zur höchsten menschlichen Fähigkeit intuitiver Kreativität erstreckt.

Intutition, intuitiv: Höchste Erkenntnis durch „liebende Vereinigung“ von Erkennendem und Erkanntem, unmittelbare Erfahrung der Wahrheit (die „innere Führung“).

Involution: Wörtliche Bedeutung „Einwicklung“. Der ursächliche Schöpfungsimpuls, aus dem die ganze Evolution hervorgeht.

Karma: Gleichbedeutend mit Schicksal im Sinne der Gesetzmäßigkeit von Ursache und Wirkung, Saat und Ernte. Der zwingende Ablauf von Kausalreihen in der Naturgesetzlichkeit hat sich jedoch im menschlichen Bewußtsein in das geistige Gesetz der Wechselwirkung von Notwendigkeit und Freiheit gewandelt: So wie wir die Not wendigkeit vergangenen Karmas erkennen und erfüllen, gewinnen wir dadurch zugleich die Freiheit zum Schaffen künftigen Karmas. Vom Karma selbst können wir befreit werden, wenn unser Eigenwille aufgeht in Gottes Wille, weil wir auf dem Wege des Gehorsams („nicht mein, sondern Dein Wille geschehe“) zur erlösenden Erkenntnis gelangt sind: „Der eine Wille geschieht in allem“.

Kontemplation: Wörtliche Bedeutung „innige Betrachtung“. Sich immer intensiver mit etwas verbinden, sich immer tiefer hineinversenken und schließlich ganz darin aufgehen („Identifikation“).

Konzentration: Wörtliche Bedeutung „auf einen Punkt gerichtetes Bewußtsein“. Die Kraft der gesammelten Aufmerksamkeit wirkt psychisch ebenso stark wie physikalisch die Kraft der in einem Brennpunkt gebündelten Lichtstrahlen.

Kreativität: Gleichbedeutend mit Phantasie oder schöpferischem Vermögen, der höchsten menschlichen Intelligenzleistung, die nur im Überbewußten möglich ist und dem Menschen praktisch unbegrenzten Anteil am göttlichen Bewußtsein verleiht (siehe Bewußtsein).

Manifestation: Wörtliche Bedeutung „faßbare Offenbarung, endgültige Festlegung". Die Welt als greifbarer und sichtbarer Ausdruck des schöpferischen Bewußtsein.

materiell: Gleichbedeutend mit mechanisch oder anorganisch, d. h. körperlich bzw. stofflich.

Meditation: Wörtliche Bedeutung „von der Wesens-Mitte aus den Umkreis (des Bewußtseins) ermessen". Das gezielte Lenken unserer Aufmerksamkeit auf den reinen Aspekt (Spiegelung) unseres Seins („Grals-Schale").

mental: Gleichbedeutend mit intellektuell oder rational, d. h. gedanklich bzw. begrifflich.

Metaphysik, metaphysisch: Wörtliche Bedeutung „hinter bzw. über dem Körperlichen", also die Lehre von den wirklichen Ursachen und bewirkenden Energien in allen materiellen Vorgängen und Erscheinungen.

Modelle: Prägende Prinzipien oder Vorbilder, die den Ablauf von Geschehnissen oder Entwicklungen bestimmen.
Es gibt Denkmodelle, auch „Ideen" genannt, die Grundlage aller bewußten Denkprozesse sind, und Erfahrungsmodelle, auch „Engramme" genannt, die sich in allen unterbewußten Reaktionen auswirken.

okkult: Wörtliche Bedeutung „verborgen, geheim", so daß also auch Atomphysik oder Medizin für jeden Nichtakademiker, aber ebenso technische oder handwerkliche Praktiken für jeden Laien „okkult" sind. Die übliche eingeengte Wortbedeutung in bezug auf unerklärliche Vorgänge und ungewöhnliches Verhalten resultiert daher nur aus einem einseitig materialistisch eingestellten Bildungssystem, weshalb dem solchermaßen eingeengten Bewußtsein vieles als „okkult" erscheint, was z. B. für einen Ostasiaten völlig klar und selbstverständlich ist.

Psyche, psychisch: Wörtliche Bedeutung: „Seele“, wobei die Griechen diesen Begriff durchaus in dem hier erläuterten Sinne gebrauchten, während heute sowohl im allgemeinen als auch im wissenschaftlichen Sprachgebrauch nicht mehr zwischen Seele und Gemüt unterschieden wird. Der Ausdruck: „Psychosomatische Erkrankung“ bedeutet infolgedessen sinngemäß: „Gemütsstörung, die sich auf den körperlichen Organismus auswirkt“, (denn die Seele kann ja nicht erkranken).

psycho-somatisch: Hauptsächlich im medizinischen und psychologischen Bereich gebrauchter Ausdruck für die körperlichen Erscheinungsformen gemütsbedingter Vorgänge.

Ratio, rational: siehe Intellekt und mental.

Realität: Wörtliche Bedeutung: „Wirklichkeit“, wobei es eigentlich nur eine wahre Wirklichkeit (siehe Substanz) gibt, so daß alle anderen „Realitäten“, insbesondere die materielle gegenständliche Welt, nur Erscheinungsformen der einen geistigen Wirklichkeit sind.

Relativität, relativ: Wörtliche Bedeutung „abhängig, in Beziehung zu etwas stehend“. Da es nur eine wahre Wirklichkeit oder Substanz gibt, ist also alles, was das begrenzte menschliche Bewußtsein und Gemüt davon zu erfassen vermag, eben nur relativ.

Religion: Wörtliche Bedeutung „Rückbeziehung, Wiederverbindung“, also das jedem Menschen wesenhaft eingeborene Bestreben der Rückkehr in den göttlichen Urgrund und der vollkommenen Wiederverbindung mit dem Seelenwesen (siehe Bewußtsein, Gewahrsein). Nicht zu verwechseln mit *Konfession* (wörtliche Bedeutung „Bekenntnis“), also mit den verschiedenartigsten Religionsformen, in denen die überzeitliche und allgemeinmenschliche Religion zu räumlich und zeitlich bedingten individuellen Ausprägungen gelangt. Es gibt infolgedessen nur eine Religion und so viele individuelle Konfessionen, wie es Menschen gibt.

Samadhi: (Im Zen „Satori“, im Christlichen „Glückseligkeit“) ist die höchstmögliche Steigerung des menschlichen Bewußtseins zum reinen Gott-Bewußtsein, indem ich erkenne, daß „Gott durch mich und als ich wirkt“, und diese Erkenntnis mein ganzes Wesen restlos erfüllt.

Seele, seelisch: Die Schöpfungs-Ideen des „väterlichen“ Geistes werden von der „mütterlichen“ Weltseele empfangen und als konkrete Schöpfung „geboren“ (in der göttlichen Gesamtschöpfung ebenso wie in jedem menschlichen Schöpfungsprozeß). Alles in Erscheinung Tretende existiert also zuerst als Seele bzw. ist ein Teil der Weltseele in verschiedenartigsten Formen der Verkörperung. Ein lebender Mensch hat demnach nicht eine Seele, sondern er ist eine verkörperte Seele, die beim „Sterben“ ihre körperliche Hülle wieder ablegt. Und wie ein körperlicher Organismus aus den verschiedensten Organen besteht, so besteht auch der seelische Organismus aus den verschiedensten unterbewußten, oberbewußten und überbewußten Bereichen.

spirituell: Gleichbedeutend mit geistig (hat also nichts mit „Spiritismus“ zu tun, der sich mit „Geistern“ und nicht mit „Geist“ befaßt). „Spirituelle Vollkommenheit“ bedeutet demnach die vollkommene Ausprägung und Auswirkung des geistig-göttlichen Wesens.

Substanz: Das eigentliche Wesen, der beständige Urgrund, das in allem Wandel der Erscheinungsformen stets sich selbst gleich Bleibende.

Synthese, synthetisch: Die Methode, durch Zusammenfassung oder Verschmelzung von Einzelteilen oder Teilbereichen zu immer größeren und umfassenderen Einheiten zu gelangen. Nur dadurch ist wirkliche Erkenntnis, immer tiefere Ein-Sicht und immer weitere Über-Schau überhaupt möglich. Die höheren Bewußtseinsbereiche der Imagination, Inspiration und Intuition sind daher Auswirkungen bzw. Anwendungen dieser wohl wichtigsten menschlichen Fähigkeit.

Traum der Sterblichkeit: Aus esoterischer Sicht ist dieses ganze der Sterblichkeit unterworfene Leben nur ein Traum, aus dem man eben durch die Erweckung oder Erleuchtung zum Bewußtsein des ewigen Lebens erwacht.

Visualisierung, visualisieren: Wörtliche Bedeutung „sichtbar machen", ist das Vermögen, reine Gedankenformen in möglichst plastische Vorstellungsbilder zu übertragen, also innerlich zu schauen (Goethe nannte dies „Anschauung"). Je besser dies gelingt, desto wirksamer ist die Praxis schöpferischer Imagination.

vital: Gleichbedeutend mit reaktiv oder organisch, d. h. leiblich bzw. triebhaft.

Wahrheit: Das höchste Bewußtsein, das in seiner Absolutheit dem begrenzten Denkvermögen unfaßbar bleibt, wohl aber für die unbegrenzte Seele unmittelbar erfahrbar ist (Samadhi).

Wahrheitslehre(r): Erhebt, richtig verstanden, nicht den Anspruch, die absolute Wahrheit lehren zu können, sondern zeigt jedem Menschen die Mittel und Wege, wie er zu seinem ureigensten „Gewahrsein" der Wahrheit gelangen kann (siehe Erweckung oder Erleuchtung).

„Es gibt eine Kraft, die dieses Universum lenkt, und wir können lernen, mit ihr zu kooperieren." Roy Eugene Davis

Wer ist Roy Eugene Davis und was sind die Ziele von CSA Europa?

Roy Eugene Davis ist Schüler von Paramahansa Yogananda und wurde von ihm 1950 eingeweiht. Er lehrt seit 30 Jahren höhere Meditationsmethoden und hält Vorträge an Universitäten, in Kirchen und geistigen Zentren. Er ist Autor von 19 Büchern, die auf die Fragen der Zeit inspirierende Antworten geben und die international verbreitet sind. Außerdem leitet Davis das „Center for Spiritual Awareness – CSA – (Zentrum für Seelisches Bewußtsein)" in Lakemont/Georgia U.S.A. Er gibt ein Magazin (TRUTH Journal) heraus, das seit Oktober 77 auch in deutsch erscheint (Journal WAHRHEIT).

Davis lebt was er lehrt. Jeder, der mit ihm in Kontakt kommt, macht die Erfahrung, daß er niemanden beeinflußt oder persönlich an sich bindet. Sein ganzes Bemühen dient der Entfaltung seiner Schüler und aller Suchenden, die an seinen Seminaren teilnehmen oder seine Bücher lesen. Er regt nur an und greift nicht in ihr Leben ein. Seine einzige Absicht und die von CSA ist, jeden Suchenden zu motivieren, als frei Lebender in einem offenem Universum seine persönliche Bestimmung zu erfüllen und an seinem richtigen Platz in diesem Leben sich voll den Aufgaben zu stellen.

Davis läßt die Menschen, die mit ihm zusammenarbeiten möchten, von selbst auf den Plan kommen und manipuliert sie nicht. Er führt jeden Suchenden zur inneren Einsicht „wer er ist, woher er kommt und wohin er geht."

Unter der geistigen Leitung von Rosemarie Schneider, der Schülerin von Roy Eugene Davis mit Lehrauftrag für Europa, haben es sich die CSA-Centren in Europa zur Aufgabe gemacht, mit diesem Gedankengut in Form von Übersetzung und Veröffentlichung seiner Bücher, durch das Journal WAHRHEIT, durch Vorträge und Seminare und durch CSA-Freundeskreise mit Buchbesprechungen und Gruppenarbeit Suchenden zu dienen.

Roy Eugene Davis . . .

. . . ist auch Herausgeber des Truth-Journal (Journal WAHRHEIT). Dieses Journal ist das offizielle Informationsorgan von CSA. Die Initialen stehen für Center for Spiritual Awareness (Zentrum für Seelisches Bewußtsein).

Dieses Journal erscheint in englischer Ausgabe zehnmal jährlich. Seit Oktober 1977 erscheint es in deutscher Ausgabe und wird von CSA Deutschland herausgebracht. Es enthält Artikel von Roy Eugene Davis, die informieren und motivieren sowie hilfreiche Anweisungen und Ermutigungen auf dem Weg zur Selbstverwirklichung; ferner Mitteilungen über Vorträge und Seminare der CSA-Zentren in Lakenont/Georgia USA, Deutschland, Österreich und in der Schweiz; außerdem Buchbesprechungen und Buchempfehlungen.

Auf Anfrage erhalten Sie die deutsche Ausgabe des „Journal WAHRHEIT“ gerne kostenlos.

Weitere Bücher des Autors in deutscher Ausgabe:

Einfache Einführung in die Meditation
Schöpferische Imagination
Wahrheitsstudien
Macht der Seele, Erlebte Wirklichkeit
Geundheit, Heilung und erfülltes Leben

Bücher des Autors in Englischer Ausgabe:

An Easy Guide to Meditation 1)
Creative Imagination 1)
Studies in Truth 1)
This is Reality 1)
Hidden Teachings of Jesus Revealed 1)
Health, Healing and Total Living 1)
Bhagavad-Gita
Secrets of Inner Power
Time, Space and Circumstance
Darshan
Yoga Darsana
Path of Soul Liberation
Way of the Initiate
Miracle Man of Japan (Dr. Taniguchi)
With God we can
Conscious Immortality
The Teachings of the Masters of Perfection

1) bereits in deutsch erhältlich

Alle Bücher sind durch den Buchhandel erhältlich oder von:

CSA Deutschland – Bücherstube
Rhönstraße 3, D-6382 Friedrichsdorf 3